Hermann Veith

Sozialisation

Ernst Reinhardt Verlag München Basel

Prof. Dr. *Hermann Veith*, lehrt Pädagogik mit dem Schwerpunkt Sozialisationsforschung unter besonderer Berücksichtigung des Jugendalters, Universität Göttingen

Lektorat/Redaktion im Auftrag des Ernst Reinhardt Verlages:
Ulrike Auras, München

Bibliografische Information der Deutschen Nationalbibliothek

Die Deutsche Nationalbibliothek verzeichnet diese Publikation in der Deutschen Nationalbibliografie; detaillierte bibliografische Daten sind im Internet über <http://dnb.d-nb.de> abrufbar.

UTB-ISBN 978-3-8252-3004-3
ISBN 978-3-497-01966-3

© 2008 by Ernst Reinhardt, GmbH & Co KG, Verlag, München

Dieses Werk einschließlich seiner Teile ist urheberrechtlich geschützt. Jede Verwertung außerhalb der engen Grenzen des Urheberrechtsgesetzes ist ohne schriftliche Zustimmung der Ernst Reinhardt, GmbH & Co KG, München, unzulässig und strafbar. Das gilt insbesondere für Vervielfältigungen, Übersetzungen in andere Sprachen, Mikroverfilmungen und die Einspeicherung und Verarbeitung in elektronischen Systemen.

Reihenkonzept und Umschlagentwurf: Alexandra Brand
Umschlagumsetzung: Atelier Reichert, Stuttgart
Satz: Arnold & Domnick, Verlagsproduktion, Leipzig
Druck: Friedrich Pustet, Regensburg
Printed in Germany

ISBN 978-3-8252-3004-3 (UTB-Bestellnummer)

Ernst Reinhardt Verlag, Kemnatenstr. 46, D-80639 München
Net: www.reinhardt-verlag.de E-Mail: info@reinhardt-verlag.de

 UTB 3004

Eine Arbeitsgemeinschaft der Verlage

Böhlau Verlag · Köln · Weimar · Wien
Verlag Barbara Budrich · Opladen · Farmington Hills
facultas.wuv · Wien
Wilhelm Fink · München
A. Francke Verlag · Tübingen und Basel
Haupt Verlag · Bern · Stuttgart · Wien
Julius Klinkhardt Verlagsbuchhandlung · Bad Heilbrunn
Lucius & Lucius Verlagsgesellschaft · Stuttgart
Mohr Siebeck · Tübingen
C. F. Müller Verlag · Heidelberg
Orell Füssli Verlag · Zürich
Verlag Recht und Wirtschaft · Frankfurt am Main
Ernst Reinhardt Verlag · München · Basel
Ferdinand Schöningh · Paderborn · München · Wien · Zürich
Eugen Ulmer Verlag · Stuttgart
UVK Verlagsgesellschaft · Konstanz
Vandenhoeck & Ruprecht · Göttingen
vdf Hochschulverlag AG an der ETH Zürich

Inhaltsverzeichnis

Einleitung   7

Hauptteil

1	Warum sind wir zur Selbstbestimmung gezwungen?	11
2	Wie beeinflusst uns die Gesellschaft?	21
3	Welche Entwicklungsbedeutung hat die Familie?	31
4	Was lernt man eigentlich in der Schule?	41
5	Wie wichtig sind die Anderen?	51
6	Wie entwickelt sich die Persönlichkeit?	60
7	Was ist denn schon „normal"?	76

Anhang

Glossar	87
Literatur	89
Sachregister	96

Einleitung

Mit dem Begriff der „Sozialisation" verbindet sich die Vorstellung, dass die gesellschaftlichen Verhältnisse, in denen Menschen aufwachsen und leben, ihre Kompetenz- und Persönlichkeitsentwicklung nachhaltig beeinflussen. Neben der Familie und der Schule werden in der Regel Freunde, Peergruppen und Medien als die wichtigsten Bedingungsfaktoren des biografischen Lernens wahrgenommen. Die Tatsache jedoch, dass man selbst im Alltagshandeln unentwegt in sozialisatorisch wirksame Praktiken verstrickt ist, gerät bei dieser umweltzentrierten Betrachtungsweise sehr leicht in Vergessenheit.

Stellen Sie sich deshalb einmal folgende Situation vor: Sie steigen gut gelaunt in eine U-Bahn und wünschen den Mitfahrenden einen „schönen guten Morgen". Sehr wahrscheinlich wird Ihr Gruß unerwidert bleiben. Das heißt aber nicht, dass er wirkungslos war – im Gegenteil. Wenn Sie sich umsehen, werden Sie entdecken, wie einige Fahrgäste schon längst dabei sind, ein Spontanpsychogramm über Ihre Person anzufertigen: Musiker, Zeitungsverkäufer, Obdachloser, Fahrkartenkontrolleur? Da nichts von alledem auf Sie zutrifft, ist der Fall für die anderen schnell erledigt: „Stadtneurotiker!" Sie nehmen diese Typenzuschreibung ganz intuitiv zur Kenntnis und fühlen sich mit einem leichten Anflug von Peinlichkeit und Kränkung missverstanden. Ohne dass auch nur ein Wort gewechselt wurde, sehen Sie sich aufgefordert, Ihre Heiterkeit hinter der umgänglicheren Maske demonstrativer Gleichgültigkeit zu verbergen. Man wünscht, in der kalten Behaglichkeit der morgendlichen Rushhour einfach nicht gestört zu werden. Darum gibt man Ihnen schweigend zu verstehen, dass Ihre Begrüßungsformel deplatziert ist und Sie mit Ihrer beschwingten Art zu weit gegangen sind, wenn auch nur geringfügig, aber immerhin. Sie haben nichtsahnend eine ungeschriebene Norm der Massengesellschaft übertreten und die Anonymitätsregel verletzt, die das Leben der Großstadtmenschen von solchen Bekanntschaftsritualen entlastet. Ihr Fauxpas wird Ihnen allerdings verziehen, vorausgesetzt, Sie sind bereit, auf Anschlusshandlungen zu verzichten und lautlos in der Menge abzutauchen.

Es sind gerade diese winzigen Normverstöße, welche die *immense Wirkmacht alltagspraktischer Ordnungen* anschaulich werden lassen. Denn würde man sich nicht darauf verlassen können, dass die Menschen, denen man tagtäglich begegnet, unsere Sicht der Welt und der darin geltenden Regeln zumindest ungefähr teilen, wäre der kommunikative Orientierungs- und Verständigungsaufwand nicht zu bewältigen. Mit jedem Schritt vor die Wohnungstür würde man in das Laufrad einer sich schier endlos drehenden Fragemaschinerie einsteigen: „Wie geht es Ihnen?", „Was machen Sie?", „Wo wollen Sie hin?" – oder noch irritierender: „Wer sind Sie eigentlich überhaupt?" Damit nicht genug, denn schon nach wenigen Sekunden würde man selbst den anderen mit den gleichen Fragen auf die Nerven gehen.

Bekanntermaßen handeln wir jedoch unter den Normalitätsbedingungen unserer Alltagspraxis etwas anders. Wir wissen, dass Fremde sich in der U-Bahn nicht grüßen müssen. Zur erfolgreichen „Kommunikation" genügt der unverwandte Blick ins Leere. Es reicht, einfach so zu tun, als ob sich die Art, wie wir uns verhalten, von selbst versteht – und tatsächlich verhalten sich alle so. Dass dieses so funktioniert, ist die *Wirkung von Sozialisation*. Man kennt intuitiv die Normen und Prinzipien, die „regeln", was zu tun ist, und man weiß, welche Relevanz dabei andere Menschen und Dinge haben. Wir wissen, ohne uns darüber Klarheit zu verschaffen, dass wir „Individuen" und „Subjekte" sind – eine für andere Gesellschaften unvorstellbare Form des In-der-Welt-Seins. Wir senden starke Ich-Botschaften, wenn wir uns über objektive Sachverhalte unterhalten. Wir fordern die Anerkennung unserer persönlichen Rechte, wenn wir uns mit anderen über soziale Praktiken verständigen und sprechen mit großer Ernsthaftigkeit über unsere subjektiven Erlebnisse. Auch das ist in anderen Kulturen keineswegs selbstverständlich. Ganz offenbar bewegen wir uns, in dem, was wir tun und denken, in gesellschaftlich vorgespurten Bahnen. Wir haben im praktischen Miteinander gelernt, wie „man" sich verhält und was „man" wie gebrauchen darf. In einigen Fällen geschieht dieses, wie in der U-Bahn, ganz *indirekt und beiläufig*, in anderen werden konkrete pädagogische *Absichten und Verhaltenserwartungen* wirksam.

Tatsächlich bilden und entwickeln sich unsere Handlungsfähigkeiten und damit in Verbindung unser Selbst- und Weltverständnis in den unterschiedlichen sozialen Praktiken, in die wir vom ersten Lebenstag an eingebunden sind: Kaum ist man geboren, wird man gemessen und gewogen. Während die Eltern noch damit beschäftigt sind, das Individuelle an ihrem Kind zu entdecken, hat die Verwandtschaft längst das Familientypische ausgemacht: „Die Fingerchen hat sie von der Oma, die Haarfarbe von Opa, als er noch jung war." Die Bekannten interessieren sich für das Geschlecht und kommentieren den Namen, das Klinikpersonal überwacht den Gesundheitszustand, die Behörden bescheinigen die Geburt, der Stadtanzeiger will ein Foto und die Babybranche wirbt mit ihren Begrüßungsgeschenken um Kundschaft. So folgen alle Abläufe einer bestimmten Ordnung, und jeder macht sich gemäß der Eigenlogik des Sozialsystems, dem er sich zugehörig fühlt, sein ganz spezielles Bild von dem Neuankömmling.

Wie Säuglinge dieses rührige soziale Treiben und Einbinden um sie herum erleben, lässt sich – auch aus wissenschaftlicher Sicht – nur hypothetisch rekonstruieren. Können Babys ihre Mitmenschen schon als Personen erkennen oder empfinden sie nur ihre eigenen, mit ersten sinnlichen und kulturellen Bedeutungsfragmenten angereicherten leiblichen Aktivitätszustände? Klar ist aber, dass ihnen die Welt durch ihre Bezugspersonen nahe gebracht wird. Im wechselseitigen Geben und Nehmen der ersten Lebensmonate lernen sie, ohne sich dessen bewusst zu sein, wie man sich in der Gegenwart anderer sinnvollerweise verhält. Sie übernehmen die körperlichen Bewegungsschemata ihrer Handlungspartner und stellen sich mit ihrem ganzen Organismus physisch, psychisch und pragmatisch auf ihre Umwelt ein. Als Kleinkinder entwickeln sie sodann ganz allmählich die Fähigkeit, ihr eigenes Verhalten an den Absichten und Erwartungen ihrer Handlungspartner auszurichten und die elementaren Ordnungszusammenhänge ihrer Lebenswelt zu verstehen. Sie entdecken physikalische Kausalzusammenhänge, soziale Regelmäßigkeiten und kulturelle Sinnstrukturen. Je mehr die Heranwachsenden dabei lernen, ihre eigenen Tätigkeiten zu reflektieren und selbstbestimmt zu handeln, desto komplexer werden die Formen der sozialisatorischen Auseinandersetzung mit der Umwelt und der eigenen Person.

> **Definition**
>
> **Von Sozialisation spricht man in diesem Zusammenhang, weil sich die Persönlichkeit mit ihren Sprach- und Handlungsfähigkeiten stets unter historischen Kulturbedingungen in gesellschaftlich strukturierten Lebenswelten entwickelt.**

Dieses Buch richtet sich an all diejenigen, die einen ersten, aber nicht oberflächlich bleibenden Einblick in die Grundfragen der Sozialisationsforschung gewinnen möchten. Das ist deshalb nicht ganz einfach, weil sich dieses Forschungsfeld quer über den gesamten Bereich der sozial- und humanwissenschaftlichen Disziplinen erstreckt. Darüber hinaus gibt es kein einheitliches Theoriekonzept, sondern viele verschiedene, sich teilweise auch widersprechende Erklärungsansätze. Warum das so ist, wird deutlich, wenn man sich das Ziel der modernen sozialisationstheoretischen Diskussion vor Augen führt.

> **Kernaussage**
>
> **Sozialisationstheoretiker wollten und möchten verstehen, unter welchen gesellschaftlichen Bedingungen die Verinnerlichung sozialer Normen individuelle Autonomie ermöglicht, oder aber zur Entwicklung eingeschränkter Handlungsfähigkeiten führt.**

Ausgehend von der Frage, warum in den Sozialwissenschaften nicht nur von Entwicklung, sondern von Sozialisation die Rede ist (Kapitel 1), wird ein analytisches Rahmenmodell beschrieben (Kapitel 2), mit dessen Hilfe das Zusammenspiel von gesellschaftlichen und individuellen Entwicklungsbedingungen anschaulich dargestellt werden kann. Darauf aufbauend werden in den Kapitel 3, 4 und 5 die unterschiedlichen Vergesellschaftungspraktiken in den wichtigsten Sozialisationskontexten – Familie, Schule und Peergruppe – skizziert. Ein kleiner Exkurs zur Rolle der Medien leitet über zu den Grundfragen der Kompetenz- und Persönlichkeitsentwicklung (Kapitel 6). Was dabei als „normal" gelten kann, ist, wie in Kapitel 7 gezeigt werden wird, keineswegs selbstverständlich. Zur Weiterbeschäftigung mit den angesprochenen Themen findet sich am Ende eines jeden Kapitels ein Informationsteil mit allgemeinen Literatur- und Websiteempfehlungen. Im Glossar schließlich werden einige für das Thema Sozialisation wichtige Grundbegriffe erklärt.

> **Kernaussage**
>
> **Wer im Erziehungs- und Bildungsbereich beschäftigt ist, übernimmt für andere Menschen Verantwortung. Die Entscheidungen, die in der pädagogischen Praxis zumeist schnell und vor allem zielsicher getroffen werden müssen, bedürfen dabei stets der fachlichen Begründung und Legitimation. Zur professionellen Planung, Beurteilung und Auswertung von Handlungsstrategien in den unterschiedlichen Praxis- und Berufsfeldern ist deshalb theoriegeleitetes Wissen über den Sozialisationsprozess unerlässlich.**

Warum sind wir zur Selbstbestimmung gezwungen?

1

Gesellschaften benötigen zu ihrer eigenen Stabilität und Erneuerung handlungsfähige Personen. Moderne Sozialsysteme sind dabei in besonderer Weise auf eigenständige, verantwortungsbewusst und reflexiv agierende Individuen angewiesen. Die zur Teilhabe am sozialen Leben wichtigen Kompetenzen können durch Sozialisation und Bildung erworben werden. Allerdings gibt es dafür keine Garantie.

> **Kernaussage**
>
> **Auch unter günstigen äußeren Lebensumständen sind biografische Risikoentwicklungen möglich und umgekehrt können Menschen in schwierigen Verhältnissen durchaus alltagstaugliche Handlungsfähigkeiten und Subjektautonomie entwickeln. Dieses hängt unter anderem damit zusammen, dass der Sozialisationsprozess von den sich entwickelnden Subjekten selbst aktiv mitgestaltet wird.**

Es gibt keine kausale Determination der Person durch die Umwelt. In fast allen einschlägigen Veröffentlichungen werden heute deshalb ausdrücklich die *Eigenaktivitäten* des Individuums bei der Aneignung kultureller Wissensbestände, sozialer Normen und alltagspraktischer Handlungsroutinen hervorgehoben (Geulen 2005, Grundmann 2006, Zimmermann 2006). Im Mittelpunkt dieses Kapitels stehen die entsprechenden konzeptionellen Grundlagen der modernen Sozialisationsforschung. Ausgehend von einer begriffsgeschichtlich angelegten Problembeschreibung werden das Sozialisationskonzept konkretisiert und die wichtigsten Bezugstheorien genannt. Schließlich wird begründet, warum sozialisationstheoretisches Wissen praktisch nützlich ist.

Am Anfang war das Wort

Der Begriff „Sozialisation" leitet sich wortgeschichtlich aus dem englischen Verb „to socialize" ab. Dieses findet sich erstmals 1828 im Oxford Dictionary in der Bedeutung von „to render social, to make fit for living in society" (Clausen 1968, 21). Da man Begriffe besser versteht, wenn man den Kontext kennt, in dem sie verwendet werden, soll zunächst kurz beschrieben werden, wie das Wort Sozialisation alltagssprachlich aufkam und in die wissenschaftliche Diskussion einsickerte.

1. Das Wort „Sozialisation": Bekanntermaßen hat die Industrialisierung in England deutlich früher eingesetzt als in anderen Staaten. Mit der Auslagerung der gewerblichen Produktion aus den Hauswirtschaftsbetrieben entwickelten sich überall neue Formen der Arbeitsteilung. Im Räderwerk der dampfgetriebenen Maschinen und mechanisierten Fabrikanlagen wurden – bildlich gesprochen – die traditionellen Lebensordnungen der agrarständischen Welt zerrieben. Die moderne Zeitordnung war nicht mehr zyklisch wie das Kalenderjahr, sondern linear, zukunftsgewandt und fortschrittsorientiert. Dabei war es immer weniger möglich, die zur Lohnarbeit benötigten Kompetenzen im alltäglichen Miteinander zu erlernen. Um „fit" zu werden, und das hieß ganz elementar, um die eigenen individuellen Existenzgrundlagen sichern zu können, war es auch im gesellschaftlichen Interesse erforderlich, dass die Einzelnen ihr Verhalten den veränderten Arbeits- und Lebensbedingungen anpassten. Für den Erwerb entsprechend sozial verwertbarer und nützlicher Qualifikationen und Alltagspraktiken wurde das Verb „to socialize" gebräuchlich.

> **Kernaussage**
>
> **Um in der Gesellschaft einen Platz zu finden und etwas aus sich und seiner Persönlichkeit zu machen, war man als Individuum auf sich selbst gestellt, zur Selbstbestimmung gezwungen.**

Statt einer Gemeinschaft qua Herkunft einfach anzugehören, sah man sich nun der Gesellschaft mit ihren unterschiedlichen sozialen Systemen, Organisationen und Gruppen gegenüber. Wer integriert sein wollte, musste lernen, wie man sich außerhalb der familiären Lebenswelt als Schüler in der Schule, als Erwerbstätiger im Betrieb, als Staatsbürger im politischen System oder als Nachbar im Wohnviertel zu verhalten hatte. Für diese Form des kontinuierlichen und auf immer unterschiedlichere normative Kontexte bezogenen biografischen Rollenlernens wurde es am Ende des 19. Jahrhunderts üblich, das Substantiv „socialization" zu verwenden.

2. Der wissenschaftliche Begriff „Sozialisation": Zur selben Zeit setzte sich in der wissenschaftlichen Diskussion die Auffassung durch, dass die Persönlichkeitsentwicklung maßgeblich durch die „gesellschaftlichen Verhältnisse" beeinflusst wird (Marx/Engels 1845/46). Kurz vor der Jahrhundertwende erschienen fast zeitgleich mehrere Veröffentlichungen, in denen der Begriff „Sozialisation" ausdrücklich vorkommt (Veith 2008). Das war kein Zufall. Tatsächlich sahen die Zeitgenossen, dass die *industriegesellschaftlichen Konflikte und Verwerfungen* – der Gegensatz zwischen Reichtum und Armut, die zunehmende Verstädterung und die Arbeitsmigration – nicht nur die Grundlagen der alten Ständeordnung, sondern das kapitalistische System selbst erschütterten.

Für den französischen Soziologen und Erziehungswissenschaftler *Emile Durkheim* (1858–1917) gab es keinen Zweifel, dass der Individualismus des modernen Industriezeitalters archaische psychische Willenskräfte mit ambivalenten sozialen Folgen entfesselte. Denn die Wirtschaftsgesellschaft weckte mit ihren verlockenden Angeboten ein schier unbändiges Verlangen nach immer neuen Glücksgütern. Da die breite Masse der Bevölkerung jedoch vom Konsum ausgeschlossen blieb, waren Klassenspannungen unvermeidbar. Beides, der gierige Eigennutz und die Zuspitzung der sozialen Frage, waren brandgefährlich, weil sie die ohnehin porösen lebensweltlichen Fundamente der Gesellschaft unterspülten. Durkheim war überzeugt, dass ohne gemeinsam geteilte Wertbindungen die Egomanie der Selbstsüchtigen alle sozialen Dämme durchbrechen würde. Die Ursache dafür sah er aber nicht, wie viele seiner Kollegen, in einem angeborenen Machttrieb oder einer vererbten Charakterschwäche und Verderbtheit, sondern ganz eindeutig im *Autoritäts- und Geltungsverlust* elementarer, das soziale Gemeinschaftsleben ordnender Institutionen (Durkheim 1893). Ohne Solidarität und verbindliche Konventionen – so sein Argument – fehlten die sozialen Triebkräfte zur Entwicklung fester innerer Werthaltungen.

> **Kernaussage**
>
> **Das moralische Regelbewusstsein ist nicht angeboren, vielmehr entstehen und entwickeln sich die individuellen Normvorstellungen erst im Verlauf des Sozialisationsprozesses. Mit dieser Prämisse war die moderne sozialisationstheoretische Diskussion eröffnet.**

3. Das theoretische Modell: Durkheim selbst konkretisierte diesen Grundgedanken mit Hilfe der Unterscheidung von individuellen und sozialen Ich-Strukturen. Während im *„individuellen Ich"* die egoistischen und ihrer Natur nach asozialen Triebregungen angelegt sind, repräsentiert das *„soziale Ich"* die gesellschaftlichen Normen (Durkheim 1897). Diese werden im Sozialisationsprozess *verinnerlicht*. Ein schwaches „soziales Ich" wird von den asozialen Strebungen seines „individuellen" Gegenspielers hinweggerissen. Einem gefestigten „sozialen Ich" hingegen gelingt es, die inneren Triebimpulse zu disziplinieren und in gesellschaftlich akzeptierte Bahnen umzulenken.

Auch Durkheims Zeitgenossen arbeiteten mit ähnlichen Modellvorstellungen oder sprachen mit etwas anderer Akzentuierung von „Identität" (Simmel 1908), vom „Spiegelselbst" (Cooley 1902), vom „Über-Ich" (Freud 1923) oder vom „Me" (Mead 1934). Gemeinsam vertraten alle die Auffassung, dass sich niemand, und schon gar nicht die Heranwachsenden, den „Zwängen" der gesellschaftlichen Umwelt entziehen können.

> **Kernaussage**
>
> Im Sozialisationsprozess werden soziale Normen und kulturelle Wissensbestände übertragen, angeeignet und verinnerlicht. Dort, wo diese Übertragung systematisch geplant und mit klaren pädagogischen Absichten organisiert wird, handelt es sich um „Erziehung" – in Durkheims Worten: um „socialisation méthodique" (Durkheim 1902/03).

Erst in der Auseinandersetzung mit anderen Menschen lernen die Einzelnen, sich in ihrer Umgebung zu orientieren. Sie beginnen, die Welt durch die Brille ihrer Kulturgemeinschaft zu betrachten, und nach nur wenigen Jahren bewegen sie sich wie die anderen, sprechen deren Sprache, verfolgen dieselben Ziele und denken in den gleichen kognitiven, ethischen und ästhetischen Kategorien.

Sozialisation und Entwicklung

Nach der heute gängigen Definition des Bielefelder Sozialisationsforschers Klaus Hurrelmann bezeichnet der Begriff der Sozialisation „den Prozess der Entstehung und Entwicklung der menschlichen Persönlichkeit in wechselseitiger Abhängigkeit von der gesellschaftlich vermittelten sozialen und dinglich-materiellen Umwelt" (Hurrelmann 2006, 70). Diese noch sehr allgemeine Bestimmung lässt sich in fünf Punkten konkretisieren:

- Sozialisationsprozesse basieren auf dem komplexen *Zusammenwirken* von sehr unterschiedlichen konstitutionellen, genetischen, physiologischen, psychischen, ökologischen, sozialen und kulturellen Faktoren. Die wesentlichen Triebkräfte der Individualentwicklung sind die tätigkeitsgebundenen Erlebnisse und Erfahrungen, die ihren Ausdruck und Niederschlag in den sich bildenden Handlungsfähigkeiten und den auf Selbstreflexion angelegten Persönlichkeitsstrukturen finden (Fend 2003).
- Sozialisation ist ein das *ganze Leben* andauernder Prozess. In der Sozialisationsforschung war es lange Zeit üblich, die besondere Bedeutung der Lernerfahrungen im frühen Kindes- und Jugendalter durch die Unterscheidung zwischen einer „primären" und „sekundären" Sozialisationsphase hervorzuheben (Berger/Luckmann 1969). Dabei wurde angenommen, dass sich die grundlegenden, die weitere biografische Entwicklung bestimmenden Kompetenzen und Charakterstrukturen schon in den ersten Lebensjahren herausbilden. Allerdings entspricht die damit assoziierte Vorstellung, dass mit dem Erwachsenenalter ein relativ stabiler Reifezustand erreicht wird, nicht mehr den heutigen Lebenserfahrungen. Darum wird der Sozialisationsprozess nunmehr mit Blick auf die gesamte Lebensspanne und die jeweils dominanten „altersspezifischen" Probleme und Entwicklungsaufgaben thematisiert (Elder 2000).
- Sozialisationsprozesse sind immer *in historisch vermittelte, kultur- und sprachgemeinschaftliche Kontexte eingebettet*. Durch die Einbeziehung in unterschiedliche Sozialsysteme, Institutionen und Interaktionszusammenhänge lernen die Einzelnen, ihre praktischen und kommunikativen Aktivitäten auf die verschiedenen Erwartungen und Sprachgewohnheiten ihrer Bezugspersonen, Gruppen und Sozialmilieus einzustellen (Grundmann 2006).
- Die individuellen Handlungsfähigkeiten entwickeln sich im Sozialisationsprozess auf der Grundlage der subjektiven Auseinandersetzung des Einzelnen mit den vorgefundenen Umweltbedingungen. Dabei wird angenommen, dass der Umgang mit Dingen und anderen Menschen, aber auch das Verhältnis zur eigenen Person stets von den *individuellen Vorerfahrungen* abhängig ist. Das heißt, dass die Art und Weise, wie eine Situation erlebt wird, nicht allein von den

„objektiven" Gegebenheiten, sondern von der persönlichen Wertigkeit und Erwartungshaltung abhängt (Mansel/Hurrelmann 2003).
- Im Zentrum der sozialisationstheoretischen Diskussionen steht die Erklärung der Entwicklung von *Subjektautonomie und alltagstauglichen Handlungsfähigkeiten* (Hurrelmann 2006). In dem Maße, in dem Gesellschaften Individualisierungsprozesse ermöglichen und erfordern, können und müssen die Einzelnen ihr Leben in Eigenregie in die Hand nehmen und lernen, kompetent, verantwortungsbewusst und autonom zu handeln (Zinnecker 2000, Bauer 2002). Insofern sind wir auch heute, wenngleich in veränderten gesellschaftlichen Konstellationen, ganz entschieden zur Selbstbestimmung gezwungen.

Theorien der Sozialisation

Die moderne sozialisationstheoretische Diskussion wurde von sehr unterschiedlichen Wissenschaftlern beeinflusst und geprägt. Bis heute gibt es keine allgemein akzeptierte Theorie, dafür aber eine Vielzahl von einzelnen Erklärungsansätzen. Diese werden in der Literatur häufig unter disziplinären Gesichtspunkten als soziologische und psychologische Basiskonzepte vorgestellt (Faulstich-Wieland 2000). Zieht man die verschiedenen theoriehistorischen Arbeiten heran (Geulen 1980, 1991; Veith 1996, 2001), schält sich ein relativ stabiler Korpus von Erklärungsansätzen und Autoren heraus (Tabelle 1). Nur wenige der genannten Konzepte sind, wie die Theorie des Rollenlernens von Talcott Parsons, ausdrücklich als Sozialisationstheorien formuliert worden, und viele der namentlich aufgelisteten Wissenschaftler wurden erst sehr viel später als Sozialisationstheoretiker entdeckt. Dieses gilt insbesondere für George Herbert Mead, Alfred Schütz und Jean Piaget. Wissenschaftlich durchgesetzt hat sich das Sozialisationskonzept im deutschen Sprachraum in den 1970er Jahren im Kontext der Bildungsreformdebatte und der Diskussion über herkunftsbedingte Benachteiligungen.

Warum ist sozialisationstheoretisches Wissen wichtig?

Falls Sie sich jetzt fragen, wozu diese konzeptionellen Erläuterungen und diese vielen Theorien in der Praxis nützlich sein sollen, stellen Sie

Tabelle 1: Sozialisationstheoretische Konzepte

Zeit	Autoren und Konzepte
1890–1918	Europäische Soziologie – Durkheim, Simmel Psychoanalyse – Freud Amerikanische Soziologie – Cooley, Giddings, Ross Pädagogische Psychologie – Stern
1918–1945	Pragmatismus – George H. Mead Behaviorismus – Watson, Skinner Kulturanthropologie – Malinowski, Margret Mead Kritische Theorie – Horkheimer, Fromm, Adorno Anthropologische Handlungstheorie – Gehlen Sowjetische Psychologie – Wygotski, Leontjew
1945–1965	Strukturfunktionalismus – Parsons Psychoanalytische Entwicklungstheorie – Erikson Symbolischer Interaktionismus – Blumer (Goffman) Phänomenologie – Schütz, Berger, Luckmann
1960–1985	Strukturgenetische Entwicklungstheorie – Piaget Kommunikationstheorie – Habermas Materialistische Psychologie – Hiebsch, Holzkamp Lebensstil- und Habitustheorie – Bourdieu Soziale Lerntheorie – Bandura Sozialkognitive Theorie – Kohlberg, Selman, Damon
1985–heute	Ökologische Sozialisationsforschung – Bronfenbrenner Individualisierungstheorie – Beck Systemtheorie – Luhmann Bindungstheorie – Bowlby, Ainsworth, Grossmann Kompetenztheorien – Aktuelle Bildungsforschung

sich bitte einmal vor, Sie selbst hätten Kinder. Welche pädagogischen Angebote würden Sie sich wünschen? Ganz sicherlich wären Sie froh, wenn es in Ihrer Nachbarschaft Spielplätze und Sportvereine gäbe. Noch besser wäre es, wenn gute Kindergärten und Schulen, vielleicht auch noch Elterncafés und Beratungseinrichtungen vor Ort wären. Vor allem aber würde es Sie beruhigen, zu wissen, dass diejenigen, denen Sie Ihre Kinder anvertrauen, *professionell* arbeiten, d. h. konkret: über ein fundiertes fachliches Wissen in ihren jeweiligen Spezialgebieten verfügen, methodisches Geschick zeigen, diagnostischen Sachverstand besitzen, Einfühlungsvermögen haben und ihre eigene Tätigkeit selbstkritisch reflektieren. Solche Erwartungen sind legitim. Gerade im Erziehungs- und Bildungsbereich müssen die Fachkräfte heute sehr hohen theoretischen und praktischen Kompetenzansprüchen genügen:

- Von *Erziehern* wird erwartet, dass sie hinreichende Kenntnisse über die vielschichtigen Bedürfnisse von Kleinkindern mitbringen. Sie sollten in der Lage sein, über Pflege- und Betreuungsleistungen hinausgehend eine pädagogisch anregende, ja sogar bildungswirksame Atmosphäre herzustellen. Außerdem sollten sie ihre eigene Rolle als besondere Bezugs- und Bindungspersonen entwicklungssensibel hinterfragen (Tietze et al. 2005).
- Von *Lehrern* wird verlangt, dass sie gleichzeitig unterrichten, erziehen, beurteilen und aktiv ihre Schule entwickeln. Dabei arbeiten sie mit Kindern und Jugendlichen zusammen, die bereits früh unter Leistungsdruck gestellt, noch ganz am Anfang ihrer biografischen Entwicklung stehen. All das erfordert neben schulfachbezogenen Kompetenzen ein hohes Maß an psychosozialem Feingefühl, praktischer Perspektivenübernahmefähigkeit und selbstkritischer Reflexion (Beutel et al. 2006).
- *Sozialpädagogen und Sozialarbeiter* sind Experten im Umgang mit verhaltensauffälligen Personen. Sie beschäftigen sich mit Fällen von körperlicher und seelischer Gewalt, von sexuellem Missbrauch, Vernachlässigung oder Verwahrlosung. Dabei wird von ihnen erwartet, dass sie in der Lage sind, psychosoziale Gefährdungslagen zu erkennen und hilfebedürftige Menschen bei der Bewältigung ihrer Probleme oder beim Aufbau neuer Handlungsfähigkeiten zu unterstützen (Böhnisch 2005).
- *Berater* sehen sich mit einer Vielzahl von Problemen konfrontiert. Ob Ehekonflikte, Erziehungsschwierigkeiten, Schulprobleme oder Drogenmissbrauch, immer hängt der Beratungserfolg entscheidend davon ab, wie es ihnen gelingt, gemeinsam mit ihren Klienten alltagstaugliche, auf die konkreten Personen und deren Lebenssituation zugeschnittene Handlungsperspektiven zu entwickeln (Nussbeck 2006).

Kernaussage

Alle diese Berufe setzen ein hohes Maß an körperlicher und psychischer Belastungsfähigkeit voraus. Vor allem aber erfordern sie theoriegeleitetes Wissen über den menschlichen Sozialisationsprozess.

Wer professionell pädagogisch arbeiten will, sollte in der Lage sein, individuelle Entwicklungsstände zu erkennen. Zum Verständnis der Lebenssituation einer Person ist es außerdem wichtig, zu wissen, wodurch sich die Interaktionspraktiken in den verschiedenen Sozialisationsinstanzen unterscheiden. Dazu gehören ganz konkrete Kenntnisse über die sozialisatorischen Funktionen von Bezugspersonen, Gruppen und Organisationen. Vor allem aber benötigt man Wissen über die Kompetenz- und Persönlichkeitsentwicklung. Gerade in der pädagogischen Praxis steht man immer wieder vor der Frage, was noch „normal" und was bereits abweichendes Verhalten ist. Wer sich hier auf seinen gesunden Menschenverstand verlässt, stößt sehr schnell auf Widerstände und Grenzen. Häufig wird dann die Arbeit, die man mit viel Idealismus angefangen hat, zu einer überfordernden Belastung.

Literatur

Grusec, J.E., Hastings, P.D. (Hrsg.) (2007). Handbook of Socialization. Theory and Research.
Im Mittelpunkt des amerikanischen Handbuchs steht die Familie als zentrale Sozialisationsinstanz. Neben den gesellschaftlichen Bedingungen liegen weitere Schwerpunkte in der Darstellung der biologischen Entwicklungsbedingungen und der interkulturellen Aspekte von Sozialisation und Erziehung.
Hurrelmann, K., Grundmann, M., Walper, S. (Hrsg.) (2008): Handbuch Sozialisationsforschung.
In dem umfangreichen Herausgeberband wird in zahlreichen Einzelbeiträgen das Gegenstandsfeld der Sozialisationsforschung in seiner ganzen Breite dargestellt. Neben den theoretischen, historischen und konzeptionellen Grundlagen werden die verschiedenen Sozialisationskontexte sowie die unterschiedlichen Dimensionen der Persönlichkeitsentwicklung behandelt.

Internet

http://www.juventa.de/zeitschriften/zse/
Unter dieser Webadresse findet man sowohl das Gesamtregister der „Zeitschrift für Soziologie der Erziehung und Sozialisation" (ZSE) als auch die Inhaltsverzeichnisse der vierteljährig erscheinenden Ausgaben des aktuellen Jahrgangs. Die Zeitschrift gibt es seit 1981. Sie ist interdisziplinär ausgerichtet und versteht sich als Forum für Theoriediskussionen und Plattform zur Darstellung aktueller Forschungsergebnisse.

http://www.bildungsserver.de/
Der Deutsche Bildungsserver bietet vielfältige Informationen zu aktuellen pädagogischen und sozialisationsrelevanten Themen und Tagungen sowie zahlreiche Möglichkeiten zur Literaturrecherche.

Wie beeinflusst uns die Gesellschaft?

2

> **Definition**
>
> In nahezu allen heute gebräuchlichen Begriffsdefinitionen von Sozialisation wird hervorgehoben, dass der Einfluss der gesellschaftlichen Umwelt auf die Persönlichkeitsentwicklung durch die individuellen Tätigkeiten und die biografischen Vorerfahrungen vermittelt wird (Hurrelmann 2006).

Was das bedeutet, soll zunächst an einem kleinen Beispiel illustriert werden: Klaus und Bernd sind Zwillinge. Ihre Eltern sind berufstätig. Die Einkommenssituation der Familie ist günstig. Man wohnt in einem fast abbezahlten Reihenhaus in einer Kleinstadt. Die Brüder verstehen sich sehr gut. Jeder hat ein eigenes Zimmer, einen eigenen Computer und eine eigene Musikanlage. In der Grundschule wurden sie gemeinsam unterrichtet, im Gymnasium gehen sie in getrennte Klassen. Sie hatten es einfach satt, dass sie für ihre Mitschüler immer nur „die Zwillinge" waren. Ihre Eltern erklärten sich damit einverstanden. Um Verwechslungen auszuschließen, fingen sie außerdem damit an, sich unterschiedlich zu kleiden und zu frisieren. Der eine glänzte in der Schule, der andere engagierte sich im Freizeitbereich. Bald hatte jeder seinen eigenen Freundeskreis. Zu ihrem sechzehnten Geburtstag beschließen sie, eine gemeinsame Party zu geben. Die eingeladenen Gäste wissen zwar, dass die beiden Brüder Zwillinge sind, dennoch finden sie es „irgendwie" erstaunlich. Klaus und Bernd hatten es also geschafft: Bei ähnlichen familiären und schulischen Bedingungen entwickelten sie, trotz gleicher Gene, ihre jeweils eigene Identität. Maßgeblich dafür waren – vom elterlichen Rückhalt und der Tatsache, dass im Jugendalter die Identitätsfindung ohnehin eine zentrale Entwicklungsaufgabe ist, einmal abgesehen – erstens der starke Wunsch, sich voneinander zu unterscheiden und zweitens ihre guten Einbindungen in separate Peergruppen.

Um solche Identitätsbildungsprozesse erfassen zu können, benötigt man in der Sozialisationsforschung ein analytisches Rahmenkonzept. In diesem müssen gleichzeitig die *persönlichen Entwicklungsvoraussetzungen*, die *sozialen Praktiken* und die *gesellschaftlichen Umweltbedin-*

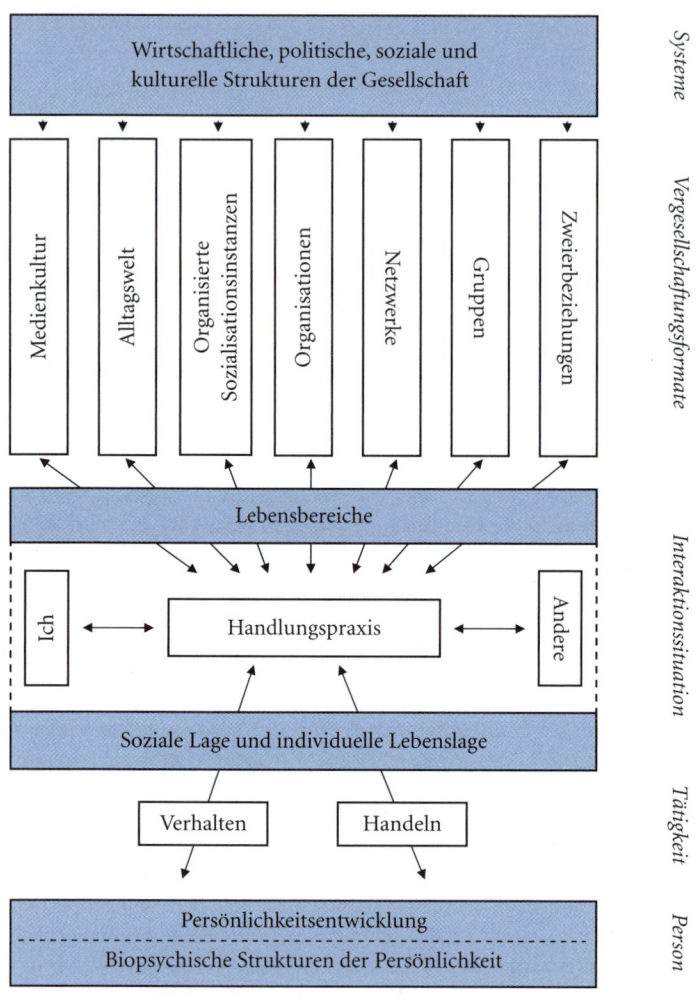

Abbildung 1: Sozialisationsbedingungen

gungen Berücksichtigung finden. In Anlehnung an Überlegungen von Urie Bronfenbrenner (1976), Dieter Geulen und Klaus Hurrelmann (1980) wird in diesem Kapitel ein entsprechendes Analysemodell vorgestellt und erläutert. Wie in Abbildung 1 an den Pfeildarstellungen zu erkennen ist, erfolgt die „Auseinandersetzung" mit der Umwelt immer in gesellschaftlich vorstrukturierten Lebensbereichen. In der Praxis des sozialen Handelns müssen sich die Einzelnen in ihren Tätigkeiten auf die Erwartungen der anderen einstellen (Grundmann 2006). Dadurch entstehen und verfestigen sich die sprachlichen und praktischen Kompetenzen, die normativen und emotionalen Bindungen, die Motive und Ansprüche, die den gesellschaftlichen Kern der Persönlichkeitsentwicklung bilden.

Gesellschaftliche Strukturen

Alle Gesellschaften haben bestimmte formale *Strukturmerkmale* gemeinsam. Um das zu wissen, muss man nicht Berufssoziologe sein. Wenn man beispielsweise in ein Land reist, in dem die eigenen lebensweltlichen Selbstverständlichkeiten nicht mehr hinreichen, um das Verhalten der anderen zu verstehen, entwickelt man fast zwangsläufig einen soziologischen Blick. Das heißt, man sucht nach den gesellschaftlichen Bedingungsgründen hinter den vermeintlich subjektiven Absichten der Akteure. Ganz intuitiv fängt man an, sich mit der *wirtschaftlichen* und *politischen* Situation eines Landes zu beschäftigen. Man nimmt *soziale* Unterschiede zwischen den Menschen wahr und stellt Vergleiche mit der eigenen *Kultur* an. Diesem alltagssoziologischen Erklärungsschema entspricht in der Soziologie die Einsicht, dass jede Gesellschaft funktionswichtige Strukturen und Systeme ausbildet, um die ökonomische Versorgung ihrer Mitglieder zu organisieren, um politische Herrschaftsinteressen durchzusetzen, um soziale Beziehungen verbindlich zu ordnen und um kulturelle Welt- und Situationsdeutungen zu tradieren (Parsons 1972). Für das Verständnis von Sozialisation sind diese gesellschaftlichen Systemstrukturen aus unterschiedlichen Gründen wichtig.

1. Wirtschaftssystem: In jeder Gesellschaft gibt es bestimmte, historisch verfestigte Formen der *Arbeitsteilung* und spezielle *technologische Infrastrukturen*, die zur Warenproduktion und zur Sicherstellung von Dienstleistungen erforderlich sind. Die Güterverteilung wird auf der Grundlage *eigentumsrechtlicher Ordnungsvorstellungen* geregelt. Unter dem Druck der Globalisierung stehen heute sowohl die Unternehmen als auch die Beschäftigten vor dem Problem, in immer wieder neuen Anstrengungen den allgemeinen Lebensstandard und ihre spezielle

Wettbewerbsfähigkeit sichern zu müssen. Von den Arbeitnehmern wird in diesem Zusammenhang verlangt, dass sie sich durch selbstorganisiertes Lernen eigene Strategien zur biografischen Kompetenzentwicklung aneignen (Erpenbeck/Heyse 2000). Diese im Wirtschaftssystem erzeugten und zirkulierenden Erwartungshaltungen beeinflussen aber nicht nur die Abläufe in den Betrieben, sondern auch, mit den jeweiligen systemtypischen Brechungen, die Handlungs- und Kommunikationspraktiken in anderen sozialen Lebensbereichen (Luhmann 1987), etwa in der Schule, in der Familie oder im Sport.

2. Politisches System: Im politischen Herrschaftssystem werden die für das Zusammenleben der Menschen als grundlegend wahrgenommenen normativen Regeln als *Rechte* verankert und durch *Gesetzgebungs- und Kontrollverfahren* institutionell stabilisiert. Von der Politik wird erwartet, dass die jeweiligen Funktionsträger einmal getroffene Entscheidungen mit der entsprechenden *Legitimation und Macht* durchsetzen. Die Strukturen und Praktiken, die im politischen System als verbindlich gelten, sind in vielen Fällen das Vorbild für die Organisation und Koordination sozialer Beziehungen in Gemeinwesen und öffentlichen Einrichtungen. Politische Hierarchien und Autoritätsverhältnisse finden so ihren Widerhall in ganz unterschiedlichen Lebensbereichen. In demokratischen Gesellschaften beispielsweise basiert das Vereinswesen auf gemeinschaftlichen und legitimationspflichtigen Entscheidungen. Über die Frage, wie viel Demokratie in Bildungseinrichtungen wie der Schule oder der Universität notwendig oder wünschenswert wäre, gehen die Auffassungen allerdings weit auseinander (Edelstein/Fauser 2001). In sozialstaatlich verfassten Gesellschaften greifen die Arbeitsmarkt-, Bildungs-, Gesundheits-, Sozial-, Familien-, Frauen-, Jugend- und Altenpolitik tief in die private Lebenssphäre ein. Während auf der einen Seite gerade dadurch Individualisierungsperspektiven abgesichert werden (Beck 1986), drohen auf der anderen Seite staatliche Bevormundung und Kontrolle.

3. Soziale Strukturen und Gemeinschaften: In jeder Gesellschaft gibt es *demografische Altersstrukturen* und *hierarchische Gliederungen*. Moderne Marktgesellschaften sind „geschichtet", d.h. die *soziale Lage* und die biografischen Lebensperspektiven der Individuen werden wesentlich durch ihre leistungs-, bildungs- und einkommensabhängige Stellung im Gefüge der sozialen Ungleichheit bestimmt (Geißler 2006). Außerdem gibt es in offenen Gesellschaften zahlreiche Gemeinschaften, die sich in ihrem Handeln an kollektiven staatlichen, sprachkulturellen, ethnischen, religiösen, konfessionellen oder regionalen Identitätsvorstellungen orientieren. Mit den dadurch hergestellten Solidaritäten verbinden sich sehr unterschiedliche Formen der sozialen Zugehörigkeit und Mitgliedschaft. Je differenzierter Gesellschaften sind, desto vielfältiger und uneinheitlicher werden die Lebensstile und Sozialisationsverhältnisse (Vester 2005).

4. Kultur: Über das kulturelle System sichern Gesellschaften ihre symbolische Reproduktion: Die Einzelnen verinnerlichen im Sozialisationsprozess die in ihrer Kulturgemeinschaft verbreiteten, zumeist sprachlich strukturierten *Weltbilder* und *Wertsysteme*, die das praktische Handeln und das Situationsverständnis bestimmen (Parsons/Bales 1955). In kulturell pluralisierten Lebenswelten können dabei im selben Haus, in derselben Schule oder im selben Betrieb Menschen mit vergleichsweise ähnlichen sozialräumlichen Erfahrungen nebeneinander leben, lernen und arbeiten und dennoch aufgrund ihrer kulturellen Bindungen völlig unterschiedliche Fremd- und Selbstkonzepte entwickeln. Insofern befinden wir uns heute sehr viel häufiger, auch in unseren eigenen vertrauten Umgebungen, in der Rolle des beobachtenden Alltagssoziologen. – In der ersten Etage wohnt die Familie mit Migrationshintergrund, die nicht in die Moschee geht, sondern regelmäßig im Kiez bei McDonalds Chicken McNuggets isst. Ihr Nachbar ist homosexuell und ernährt sich vegetarisch. Im zweiten Stock läuft rund um die Uhr das Fernsehen und im dritten Stock leben zwei junge Studenten, die zwar erfolgsorientiert und strebsam sind, aber zuhause von Mama ihre Wäsche bügeln lassen.

Soziale Bezugssysteme und Vergesellschaftungsformate

Während die wirtschaftlichen, politischen, sozialen und kulturellen Systemstrukturen die Rahmenbedingungen innerhalb einer Gesellschaft bestimmen, handeln die Menschen in ihrer Alltagspraxis in unterschiedlichen Lebensbereichen bzw. konkreten sozialen Bezügen. Sie orientieren sich dabei an alltagsweltlichen Normalitätsvorstellungen. Sie sind Mitglieder von Gemeinschaften, Organisationen oder Gruppen, sie stehen in persönlichen Beziehungen zu anderen, knüpfen Verbindungsnetzwerke und gehen mit Medien um. Alle diese unterschiedlichen sozialen Vergesellschaftungsformate geben den Interaktionen ein je eigentümliches Gepräge. Ihre sozialisatorische Bedeutung soll hier nur kurz beschrieben und in den nachfolgenden Kapiteln exemplarisch erläutert werden.

1. **Zweierbeziehungen:** Die Zweierbeziehung ist die *Urform aller sozialen Beziehungssysteme*. Die beteiligten Personen haben hier in der Regel die größten gegenseitigen Einflussmöglichkeiten. Zweierbeziehungen existieren nur solange, wie die Einzelnen den *Wunsch* oder ein *Interesse* an ihrer Aufrechterhaltung haben. Ihre konkrete Gestalt ist abhängig von den Persönlichkeiten und ihren Fähigkeiten. Diese bestimmen die individuellen Aktivitäten und damit auch die Form und Qualität der Interaktionen (Petillon 2006). In Abhängigkeit von der wechselseitig zugelassenen Nähe und Erlebnisintensität sind Zweierkonstellationen im Sozialisationsprozess höchst wirkmächtig. Dieses lässt sich sehr leicht anhand der frühen Mutter-Kind-Beziehung illustrieren, die gerade aufgrund des großen Kompetenzgefälles und der noch sehr gering entwickelten Gegenseitigkeit von der Elternperson ein hohes Maß an Feinfühligkeit und Perspektivenübernahme erfordert.

2. **Gruppen:** Gruppen sind eigenständige soziale Lebensformen. Sie unterscheiden sich von anderen „sozialen Gebilden" dadurch, dass ihre Mitglieder auf der Basis gemeinsam geteilter Überzeugungen, Normen, Werte und Zielorientierungen ein *wechselseitiges Gefühl der Zusammengehörigkeit* entwickeln. Dieses Wir-Gefühl bildet auch die Grundlage der gegenseitigen Kooperationen, Kontrollen und Bewertungen. Die gruppeninternen Prozesse sind von der Gruppengröße, den Rollenaufteilungen und den Führungsstrukturen abhängig (Schäfers 2006). Gruppen haben die Tendenz, sich gegenüber ihren Mitgliedern zu verselbstständigen. Dadurch entstehen gruppentypische Zwänge. Ihre Rolle im Sozialisationsprozess ist höchst unterschiedlich. Aufgrund der starken emotionalen Bindungen, auf denen insbesondere *Primärgruppen* wie die Familie aufbauen, wird angenommen, dass diese über die gesamte Lebensspanne hinweg nachhaltigen Einfluss auf die Persönlichkeitsentwicklung und die Identitätsbalance der einzelnen Mitglieder ausüben. Im Gegensatz dazu bleibt die sozialisatorische Wirkung von *Sekundärgruppen* begrenzter, weil die durchschnittliche Dauer der Zugehörigkeit beispielsweise zu Freizeitcliquen oder Interessengemeinschaften in der Regel kürzer ist und die Möglichkeiten der Mitglieder zur Distanzierung deutlich größer sind.

3. Netzwerke: Soziale Netzwerke sind Beziehungsgeflechte, die Menschen mit ähnlichen Interessen, Fähigkeiten oder Persönlichkeitsmerkmalen zur Erreichung ganz spezieller Zwecke miteinander in Verbindung bringen. Netzwerke unterscheiden sich nach Größe und dem Grad ihrer Verflechtung. Die Sichtbarkeit und Erreichbarkeit einer Person hängen dabei von ihrer *Mitwirkungsbereitschaft* ab (Weymann 2007). Anders als bei Gruppen gibt es kein „Wir-Gefühl". Darum ist der Integrationsdruck vergleichsweise gering. Im Zentrum steht vielmehr der Austausch von Informationen, Gütern oder Dienstleistungen. Viele virtuelle „Communities" sind als Netzwerke organisiert. Die sozialisatorische Bedeutung von Netzwerken ist bislang noch kaum untersucht.

4. Organisationen: In „funktional differenzierten Gesellschaften" (Luhmann 1987) gibt es zahlreiche soziale Subsysteme. So dient das Bildungssystem der Weitergabe kultureller Traditionen oder das Wissenschaftssystem der Produktion von Wissen. Alle diese Subsysteme haben die Funktion, spezielle, in einer Gesellschaft permanent auftretende oder wiederkehrende Probleme zu bearbeiten. Im Kontext dieser Systeme übernehmen Organisationen die Aufgabe, individuelle Handlungen so zu koordinieren, dass die Systemziele mit den entsprechenden Mitteln erreicht werden können und auf Dauer verlässliche Strukturen entstehen (Schimank 2007). Im Wirtschaftssystem operieren Unternehmen und Verbände als Organisationen, im politischen System sind es Behörden und Parteien, im sozialen Leben Vereine oder andere zweckgebundene Assoziationen. Eine erfolgreiche Aufgabenerfüllung ist nur möglich, wenn innerhalb der Organisation die *Bedingungen der Mitgliedschaft,* die *Regeln der Kooperation* und die *speziellen Rollenerwartunge*n klar definiert sind. Gegenüber der Gesamtpersönlichkeit verhalten sich Organisationen weitestgehend indifferent. Es reicht, wenn die Einzelnen die Rollen übernehmen, die ihnen im Organisationsablauf zugedacht sind. Neben den *formell geregelten Beziehungen* gibt es eine zweite, informelle Handlungsebene. Hier kommen die zwischenmenschlichen Verhältnisse zur Sprache. Die Sozialisationsbedeutung von Organisationen ergibt sich schon allein durch die Tatsache, dass Bildungseinrichtungen, Verwaltungsbürokratien oder Unternehmen in modernen Gesellschaften die tragenden Säulen des sozialen Lebens geworden sind.

5. Organisierte Sozialisationsinstanzen: Zu diesen Instanzen gehören vor allem die Einrichtungen des Bildungssystems. Diese haben die Aufgabe, durch *Erziehung* und *Unterricht* individuelle Bildungsprozesse zu fördern. Daneben gibt es aber auch im psychosozialen Dienstleistungsbereich eine ganze Reihe von weiteren „Organisationen mit subjektbezogenen Aufgaben" (Hurrelmann 2006, 95). Zu deren Kernaufgaben gehört es, die *Kompetenz- und Persönlichkeitsentwicklung* durch unterschiedliche Betreuungs- oder Pflegemaßnahmen, durch Hilfe und Sozialarbeit, durch Krisenintervention oder Beratung zu unterstützen. Im Zentrum steht jeweils die Herstellung von professionellen oder ehrenamtlichen *Arbeitsbündnissen* mit Kindern und Schülern, Klienten oder Heimbewohnern, Hilfesuchenden, Behinderten, Patienten oder Strafgefangenen. Die Sozialisationsbedeutung dieser Organisationen ergibt sich aber nicht nur aus ihren pädagogischen Zielstellungen, sondern auch – wie beim „heimlichen Lehrplan" der Schule (siehe Kapitel 4) später noch ausführlicher gezeigt werden wird – aus den häufig *unbeabsichtigten Nebenfolgen* des formalen Rollenhandelns.

6. Alltagswelt: Das Erleben von Alltagsnormalität setzt biografische Sozialisationserfahrungen voraus. Man muss zumindest in der Lage sein, Regelmäßigkeiten in der sozialen Umgebung zu erkennen. Sobald die Fähigkeit, die Perspektive der anderen zu übernehmen, entwickelt ist, erscheint die soziale Wirklichkeit auch innerlich als eine permanent allgegenwärtige Tatsache. *Jede Tätigkeit wird nun zugleich im Licht der mutmaßlichen Erwartungshaltungen anderer Gesellschaftsmitglieder reflektiert.* Ob man allein im Wald spazieren geht oder mit der U-Bahn fährt, immer wird man von dem Bewusstsein und Gefühl begleitet, dass es für jede Tätigkeit klar definierte Regeln gibt, in denen sich die soziokulturellen Ordnungen und institutionalisierten Praktiken von Gesellschaften widerspiegeln. Der amerikanische Soziologe George Herbert Mead (1934) verwendete in diesem Zusammenhang den Begriff des „Generalisierten Anderen". In dem Maße, wie diese praktischen Ordnungsmuster im Sozialisationsprozess verinnerlicht werden, bilden sie den Kern unserer alltagsweltlichen Normalitätsvorstellungen. Man weiß intuitiv, dass man im Wald nicht rauchen sollte und in der U-Bahn nicht grüßen muss. Wir vertrauen darauf, dass die Welt, so wie sie uns „bisher bekannt ist, weiter so bleiben wird" (Schütz/Luckmann 2003, 34) und die zeitlichen, räumlichen und soziokulturellen Ordnungssysteme auch zukünftig als „Tatsachen" über die verschiedenen Handlungssituationen hinweg für alle gelten.

7. Medienkultur: In unserer Alltagswelt haben die Medien eine Sonderstellung. Sie sind mit ihren unterschiedlichen Formaten, von der Zeitung bis zum Internet, nahezu allgegenwärtig. Sie sind Teil eines Systems, das mit all seinen Produkten und Erfindungen den Regeln des ökonomischen Wettbewerbs und in Teilen auch der politischen Kontrolle unterliegt (Postman 1985). Vor allem die Massenmedien stellen *Informations- und Deutungsangebote* bereit, die *in Konkurrenz zu anderen lebensweltlichen Instanzen* treten und – wenn beispielsweise vor und nach jedem Fußballspiel im Fernsehen Experten diskutieren – mit ihren Kommentierungen beständig versuchen, ihre Adressaten von der eigenen Meinungsbildung zu entlasten. Da man technische Medien ausschalten oder Bücher weglegen kann, *hängen ihr Einfluss und ihre Wirkung sehr stark auch von den individuellen Formen ihrer Nutzung ab* (Jörissen 2007).

Soziale Lage und individuelle Lebenslage

Menschen oder Familien, die sich aufgrund ihrer beruflichen Stellung, ihrer Einkommenssituation, ihrer sozialräumlichen Lebensverhältnisse, ihrer Bildung und Wertorientierungen in einer vergleichbaren sozialen Lage befinden, entwickeln sehr häufig ähnliche Lebensstile (Hradil 2004). Hinter dieser empirischen Beobachtung steckt die theoretische, vor allem durch die Arbeiten des französischen Soziologen *Pierre Bourdieu* (1930–2002) bekannt gewordene Annahme, dass die individuelle Lebenslage wesentlich, aber nicht ausschließlich durch das *ökonomische Vermögen* bestimmt wird. Denn die typischen, für bestimmte Sozialmilieus charakteristischen Gewohnheiten und Mentalitäten werden ebenso durch die Formen der Teilhabe an *sozialen* und *kulturellen Gütern* beeinflusst. Schon in den ersten Lebensjahren bilden sich milieutypische Verhaltensformen, Wahrnehmungsgewohnheiten und Denkmuster aus (siehe Kapitel 3).

Sozialisationstheoretisch ist diese These deshalb bedeutsam, weil sie besagt, dass der materielle Besitzstand und die finanziellen Möglichkeiten von Personen ihre gesellschaftliche Position und Selbstverortung nicht hinreichend erklären. Zwar ist unbestreitbar, dass beispielsweise gutverdienende Elternpaare ganz andere Förderungsmöglichkeiten für ihre Kinder haben als ökonomisch schwach gestellte Alleinerziehende. Aber damit sind nicht alle sozialisationsrelevanten Dimensionen erschöpfend berücksichtigt. Beispielsweise verfügen viele einkommensstarke Familien gerade in Großstädten nur über relativ schwach entwickelte soziale Netzwerke, was erheblichen Einfluss auf ihre Sozialisationssituation hat. Wenn nämlich die Großeltern nicht verfügbar sind oder Freunde fehlen, wird jede Kinderkrankheit zur partnerschaftlichen Zerreißprobe, jeder Freizeittermin zur schwierigen Planungsangelegenheit. Schließlich dienen Bildungszertifikate und der besondere ästhetische Bildungssinn eines Menschen – unabhängig vom Einkommen – als *Mittel zur sozialen Distinktion*. Ganz ungewollt werden die persönlichen Geschmacksurteile und Vorlieben für bestimmte Kulturgüter zur gesellschaftlichen Visitenkarte, die Rückschlüsse über die familiäre Herkunft ermöglicht (Bourdieu 1982).

Literatur

Joas, H. (Hrsg.) (2007): Lehrbuch der Soziologie.
Das Lehrbuch bietet dem Leser die Gelegenheit, sich auf eine sehr erfahrungsbezogene Weise mit den zentralen Fragen der Sozialwissenschaft auseinanderzusetzen. Die Autoren der einzelnen Kapitel sind namhafte Repräsentanten der deutschen Soziologie.
Münch, R. (2002, 2003, 2004): Soziologische Theorie.
In drei umfangreichen Büchern werden die theoretischen Hauptwerke der modernen Soziologie in systematischer und differenzierter Form vorgestellt. Übersichtliche Zusammenfassungen der Kernthesen und Grundbegriffe erleichtern die Orientierung im soziologischen Diskurs.

Internet

http://www.sinus-sociovision.de.
Eine Darstellung der unterschiedlichen Sozialmilieus in Deutschland findet sich auf der Website der Sinus Sociovision GmbH, Heidelberg.

Welche Entwicklungsbedeutung hat die Familie?

3

Derzeit werden in Deutschland jedes Jahr etwa 200 000 Ehen geschieden. Bei knapp 300 000 Ersteheschließungen und etwa 100 000 Wiederverheiratungen im selben Zeitraum ist das eine bemerkenswert hohe Scheidungsquote (Statistisches Bundesamt 2006, 28 bzw. 51). Fast 30 % aller Heranwachsenden erleben, wie die Ehe ihrer Eltern auseinander geht (BmFSJF 2005, 198). Offenbar hat die Familie als Institution viel von ihrer normativen Ausstrahlung und Bindekraft eingebüßt. Mit der Familiengründung ist heutzutage keine lebensbiografisch endgültige Festlegung mehr verbunden. Familien sind persönliche Projekte – in vielen Fällen sogar nur noch mit zeitlicher Begrenzung. Und in der sozialwissenschaftlichen Forschung wird seit Mitte der 1970er Jahre eine zunehmende Tendenz zur „Pluralisierung" und „Individualisierung" von Lebensformen beobachtet. Zwar ist die klassische Eltern-Kind-Familie keineswegs zum Auslaufmodell geworden, aber neben ihr gibt es inzwischen weitere, sozial akzeptierte Varianten (Peuckert 2005). Aus sozialisationstheoretischer Sicht ist die Familie eine Sonderform der sozialen Gruppe. In diesem Kapitel werden die gesellschaftlichen Rahmenbedingungen sowie die sozialisatorischen Wirkmechanismen der Familie als Sozialsystem und Handlungskontext dargelegt.

Die Familie im gesellschaftlichen Kontext

Als soziale Haushaltsgemeinschaft wird die Familie sowohl über gesetzliche, die Privatsphäre ihrer Mitglieder schützende Regelungen als auch durch familien-, sozial- und finanzpolitische Maßnahmen institutionell stabilisiert. Diese Unterstützung erscheint erforderlich, weil das Wirtschaftssystem und der Arbeitsmarkt auf individuelle Familiengründungsambitionen tendenziell keine Rücksicht nehmen. Vielerorts fehlen noch die pädagogischen Infrastrukturen, die, den gestiegenen Mobilitätserwartungen entsprechend, eine bessere Vereinbarkeit von

Beruf und Familie ermöglichen würden. Dadurch erscheint gegenwärtig schon die Familiengründung mit erheblichen Risiken belastet.

1. Die Einstellung zur Familiengründung: Wer sich heute für die Familie als persönliche Lebensform entscheidet, überlegt sich in der Regel nicht nur mit wem, sondern auch um welchen Preis. Hält die Partnerschaft auch wirklich zukünftigen Belastungen stand? Kann oder will man es sich leisten, auf zwei Einkommen zu verzichten? Sind die Arbeitsplätze, die man hat, sicher genug, um Kinder zu versorgen und deren Bildungswege zu finanzieren? Solche Fragen erscheinen nur auf den ersten Blick als Privatangelegenheiten. Tatsächlich reflektieren sie den gesellschaftlichen Wandel der Arbeitsverhältnisse, der Geschlechterrollen und der biografischen Lebensmodelle. Sie sind Ausdruck einer veränderten sozialen und moralischen Grundhaltung, die sich auch im Umgang mit Sexualität widerspiegelt. Vor der Einführung der Antibabypille in den 1960er Jahren waren voreheliche Beziehungen riskant und dort, wo die Menschen noch in konfessionell gefestigten Kreisen lebten, auch mit erheblichen Gewissensbissen belastet. Heute sind partnerschaftliche sexuelle Erfahrungen ein wichtiger Bestandteil der Jugendentwicklung (Fend 2003). Die *Befriedigung von erotischen Bedürfnissen* wird dabei nicht mehr mit Ehe- und Familienperspektiven verbunden. Aus Jugendstudien ist bekannt, dass 45% der 15- bis 17-jährigen bereits einschlägige Erfahrungen mit festen Beziehungen haben. Der Gedanke an eine spätere Heirat spielt hierbei so gut wie keine Rolle. Wichtig ist den Jugendlichen vor allem, dass der jeweilige Partner verlässlich ist. Auf die Frage nach ihren *Kinderwünschen* antwortet gut ein Drittel, dass man sich durchaus auch ein „zufriedenes Leben" ohne Kinder vorstellen könne (Langness et al. 2006, 52).

Kernaussage

Allem Anschein nach, ist die Gründung einer eigenen Familie für einen Großteil der nachwachsenden Generation in erster Linie eine interessante biografische Option. Ihre Realisierung hängt ganz wesentlich davon ab, wie sich die privaten Lebensverhältnisse gestalten und die weiteren beruflichen Perspektiven entwickeln. Mit einem Kind erfüllt man sich einen persönlichen Wunsch. Weitere Kinder sind unter diesen Prämissen für das private Glück nicht mehr zwingend erforderlich.

2. **Das Individualisierungsdilemma:** Wenn viele Ehen heute daran scheitern, dass es den Partnern nicht mehr gelingt, ihre Interessen unter einen Hut zu bringen, dann sind die Probleme nicht ausschließlich hausgemacht. Tatsächlich entstehen durch die Notwendigkeit, das Familienleben auf die Anforderung der gesellschaftlichen Umwelt abzustimmen, hohe Belastungs- und Spannungspotenziale.

> **Kernaussage**
>
> **Auf der Beziehungsebene muss immer wieder versucht werden, eine tragfähige Balance zwischen den eigenen beruflichen Ansprüchen, den hohen partnerschaftlichen Erwartungen, den Pflichten der Elternschaft und den Notwendigkeiten der Haushaltsführung zu finden (Beck-Gernsheim 2006).**

Die sozialen Koordinationszwänge werden schnell als persönliche Einschränkungen empfunden und auf die Kompromisslosigkeit des jeweils anderen zurückgeführt. Die Beziehungen werden immer anstrengender, konfliktgeladener und unbefriedigender. Der Charme des eigenen Familienprojekts verblasst. Wenn die Eltern dann noch registrieren, dass ihre Kinder zunehmend mit Verunsicherung reagieren, wird der Weg zur einvernehmlichen Trennung immer kürzer (Walper 2004).

Die Familie als soziale Gruppe

In der Familiensoziologie hat sich längst die Auffassung durchgesetzt, dass es sinnvoll ist, den Familienbegriff so breit und offen zu definieren, dass auch Alleinerziehende und uneheliche Lebensgemeinschaften mit Kind problemlos berücksichtigt werden können.

> **Definition**
>
> **Der Osnabrücker Familiensoziologe Rüdiger Peuckert beschreibt die Familie als „eine Lebensform, die mindestens ein Kind und ein Elternteil umfasst", zudem auf Dauer angelegt ist und „im Inneren durch Solidarität und persönliche Verbundenheit" (Peuckert 2007, 36) der Familienmitglieder bestimmt wird.**

1. **Familienformen:** Eine Familie ist also eine soziale Gruppe, in der sich mindestens *zwei Mitglieder in einem Eltern-Kind-Verhältnis* befinden müssen. Eine biologische Verwandtschaft ist, wie der Fall der Adoptiv-

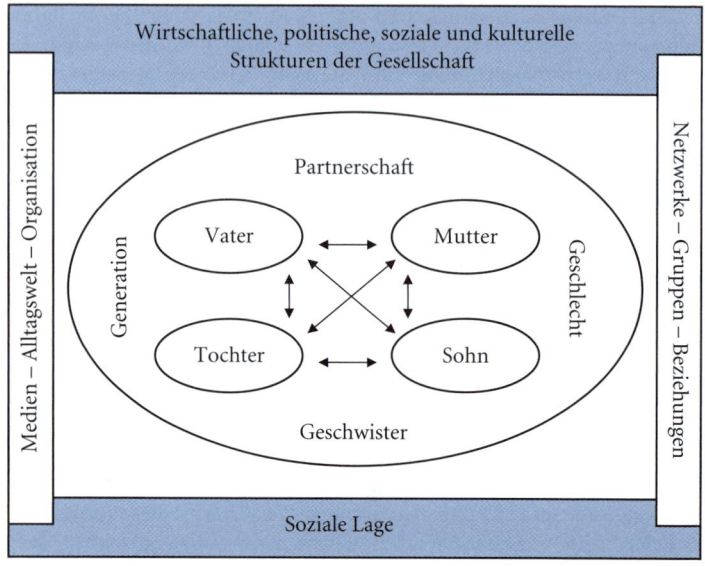

Abbildung 2: Familie als Sozialsystem und Handlungskontext

familie zeigt, kein zwingendes Definitionskriterium. Entscheidend ist vielmehr, dass diejenigen, die in der Elternrolle agieren, die Verantwortung für die Versorgung und Erziehung der Kinder tragen und übernehmen. Als Familien gelten somit auch Lebensformen, die von der ehelich gestifteten Eltern-Kind-Gemeinschaft „abweichen" – also Alleinerziehende, nichteheliche Lebensgemeinschaften oder homosexuelle Partnerschaften mit Kind sowie Stief- und Pflegefamilien. Trotz der erkennbaren Pluralisierung der Haushalts- und Familienformen lebten im Jahr 2005 in Deutschland immerhin 78,9 % aller Kinder unter 18 Jahren in vollständigen Kernfamilien (Statistisches Bundesamt 2006, 47). Der Anteil der Einelternfamilien lag mit 10,8 % knapp über dem Anteil der sonstigen Lebensgemeinschaften mit Kindern (10,3 %).

2. Rollenstrukturen: Zur Kernfamilie im engeren Sinn gehören Mutter, Vater, Kind und gegebenenfalls weitere Geschwister. Im Unterschied zu anderen sozialen Gruppenformen, die sich in der Regel ihre Ziele selbst setzen können, stehen die institutionellen Kernfunktionen der Familie – Fortpflanzung, Existenzsicherung, Sozialisation und Erziehung – nicht zur Disposition. Wenn beispielsweise Eltern ihre Kinder vernachlässigen, kann ihnen das Sorgerecht aberkannt werden. Die Familienmitglieder entwickeln in der Regel starke *personale Bindungen* und ein nach Außen abschließendes *Wir-Gefühl*.

Aus sozialisationstheoretischer Sicht sind vor allem die Rollenordnungen, Sozialbezüge und Interaktionspraktiken im Sozialsystem Familie bedeutsam. Je nach Familiengröße können sich dabei sehr unterschiedliche Beziehungskonstellationen ergeben. In Abbildung 2 werden am Beispiel der Kleinfamilie die grundlegenden partnerschaftlichen, geschlechtsbezogenen, generationalen und geschwisterlichen Relationen ersichtlich. Zwischen Eltern und Kindern, Brüdern und Schwestern, Mutter und Tochter, Vater und Sohn sind überdies unterschiedliche Koalitionen möglich. Gleichzeitig können aufgrund der großen Nähe und der geringen Distanzierungsmöglichkeiten auch erhebliche Bindungskomplikationen entstehen. Die Erfahrungen, die die einzelnen Familienmitglieder in den unterschiedlichen Lebensbereichen machen, werden in die Familienkommunikation eingespeist und nach den dort geltenden Regeln interpretiert. Man ist unter sich und kann relativ vorbehaltlos über seine alltagsweltlichen Erlebnisse und Empfindungen sprechen. Jede Familie hat dadurch ihre eigene Geschichte, die aber nicht nur durch die Personen und Ereignisse, sondern auch durch den Umgang mit „familienzyklischen" Herausforderungen (Schneewind 2002), wie beispielsweise die Schulzeit der Kinder oder den Übergang in die nachelterliche Phase, geprägt wird.

3. Soziale Lage und Habitus: Das Familienleben wird aber nicht nur durch die Erfahrungen, die die Mitglieder aus anderen Lebensbereichen in die Familie hineintragen, sondern auch durch deren soziale Lage beeinflusst. Diese ist von der ökonomischen *Vermögens-* und *Einkommenssituation* sowie von den *Einflussmöglichkeiten*, dem *Sozialprestige* und der *Bildung* der Eltern abhängig. Pierre Bourdieu hat in diesem Zusammenhang mehrere grundlegende Kapitalsorten unterschieden.

> **Definition**
>
> Über das *ökonomische Kapital* werden das Wohlstandsniveau und die finanziellen Spielräume einer Familie festgelegt. Das *soziale Kapital* wird durch den Umfang und die Qualität der sozialen Beziehungen bestimmt. Das *kulturelle Kapital* schließlich hängt vom Bildungsstand, sowie vom Besitz von Bildungszertifikaten und Bildungsgütern ab. In der Außenwahrnehmung verbinden sich diese Ressourcen zum *symbolischen Kapital* einer Familie (Bourdieu 1982).

Die „Anpassung" der Familienmitglieder an ihre soziale Lage erfolgt im Sozialisationsprozess über die Ausbildung des individuellen „Habitus" (Bourdieu 1976). Dabei übernehmen schon die Heranwachsenden – Bourdieu spricht von „Verinnerlichung" und „Inkorporierung" – die grundlegenden Handlungs-, Wahrnehmungs- und Geschmacksschemata ihrer Eltern. In diesen Schemata aber spiegeln sich in erster Linie die mit der sozialen Position verbundenen Klassifikationssysteme und Unterscheidungsformen der Gesellschaft wider. Was das heißt, lässt sich an den Bildungsambitionen von Familien in sozialen Mittellagen illustrieren: Mit vergleichsweise bescheidenen ökonomischen, sozialen und kulturellen Ressourcen ausgestattet, kann man die eigenen Ansprüche nur legitimieren, wenn man bereit ist, dafür auch „Opfer" zu bringen (Bourdieu 1982, 528). Die damit verbundenen Lobgesänge auf Tugend und Disziplin dienen gleichermaßen zur sozialen Selbstidentifikation wie zur Abgrenzung.

Die Familie als sozialer Handlungskontext

Nun gibt es sehr verschiedene Arten, die empirisch beobachteten Zusammenhänge zwischen der sozialen Lage einer Familie und den sich entwickelnden Haltungen und Persönlichkeitsmerkmalen der einzelnen Familienmitglieder zu erklären. In psychoanalytischen und interaktionistischen Theorien werden vor allem die Rollen der sozialen Bezugspersonen und die Beziehungsdynamiken hervorgehoben. In der pädagogischen Diskussion hingegen stehen die Erziehungspraktiken im Vordergrund.

1. Die signifikanten Anderen: Im Anschluss an Überlegungen von Sigmund Freud, George Herbert Mead und Talcott Parsons geht man in der sozialisationstheoretischen Diskussion noch immer davon aus, dass die Grundstrukturen der Persönlichkeit vor allem in der frühkindlichen Entwicklungsphase und hier insbesondere im Familiensystem ausgebildet werden.

> **Definition**
>
> In der hoch emotionalisierten und affektgeladenen Atmosphäre der Eltern-Kind-Interaktionen lernen die Heranwachsenden im Umgang mit den für sie wichtigen Bezugspersonen die Welt, in der sie leben, kennen. Ihre eigene Tätigkeit erschließt sich ihnen dabei als Bestandteil einer gesellschaftlich vorinterpretierten sozialen Praxis.

Im Familiensystem sind die signifikanten Anderen in der Regel die Eltern und Geschwister, bisweilen auch die Großeltern oder andere Verwandte. Beschränkt man sich nur auf die Eltern-Kind-Beziehungen, dann sind die Eltern sowohl Interaktionspartner als auch Erzieher und „Arrangeure von Entwicklungsgelegenheiten" (Schneewind 2002, 117ff). Als *Interaktionspartner* sind sie Menschen, die mit all ihren persönlichen und biografischen Eigenheiten, aber auch mit all ihren partnerschaftlichen und familienbezogenen Erwartungen und Problemen eine Beziehung und Bindung zu ihren Kindern aufbauen. In ihrer Rolle als *Erzieher* übernehmen sie die im Generationenverhältnis begründete pädagogische Verantwortung. Dabei sind sie gleichermaßen Vorbilder und Repräsentanten hinsichtlich bestimmter kulturgemeinschaftlich akzeptierter Umgangsformen und Wertvorstellungen. Über das elterliche Verhalten werden Geschlechterrollenordnungen und Leistungsnormen vermittelt. Als *Arrangeure von Entwicklungsgelegenheiten* schließlich eröffnen die Eltern ihren Kindern Erfahrungs- und Handlungsperspektiven auch außerhalb der Familie. Sie organisieren Sozialkontakte über Krabbelgruppen, auf Spielplätzen oder zu Sportvereinen. Sie sorgen für neue Anregungen und ermöglichen ihren Kleinen auf diese Weise Mobilität (Zeiher 1994). Nicht zuletzt schaffen und kontrollieren sie den Zugang zu den Medien.

Der sozialisatorische Einfluss und die Wirkung der elterlichen Bezugspersonen hängt dabei von deren Bereitschaft ab, sich auf ihre Kinder einzulassen, deren Bedürfnisse „feinfühlig" zu registrieren und ihr Handeln auf das kindliche Verhalten abzustimmen, ohne dabei die eigenen Interessen auszublenden. Bedeutsam oder signifikant sind sie deshalb, weil sie als Bindungspersonen und Handlungspartner nicht nur „Objekte" kindlicher Wunschstrebungen, sondern auch „Subjekte" mit Definitions-, Anerkennungs- und Sanktionsmacht sind.

2. Beziehungsdynamik: Familienbeziehungen basieren auf starken, durchaus auch ambivalenten emotionalen Bindungen. Die Familienmitglieder kennen sich sehr gut und entwickeln relativ stabile wechselseitige Erwartungshaltungen. Dabei spielen auch *unbewusste Wünsche und Phantasien* eine wichtige Rolle. Ohne dass die Beteiligten sich darüber im Klaren sind, durchziehen diese, wie ein heimlicher Regieplan im Hintergrund, die familiären Interaktionspraktiken (Richter 1963). In der Wahrnehmung von psychoanalytisch inspirierten Theoretikern verstecken sich beispielsweise hinter bestimmten elterlichen *Bildungsambitionen* häufig unerledigte Kränkungserfahrungen und Konflikte. Man selbst wollte mehr erreichen, wurde aber daran durch bestimmte Umstände gehindert. Nun sollen die eigenen Kinder es richten. Mit diesem „unbewusst" erteilten Auftrag – denn kein Elternteil würde wissentlich so etwas verlangen – besuchen die Kinder nun die Schule. Sind sie erfolgreich, können sich ihre Bezugspersonen mit ihnen identifizieren und sich „für das eigene Scheitern entschädigen" (Richter 1970, 52). Haben die Kinder hingegen Schulprobleme, besteht die narzisstische Kränkung weiter fort und der betroffene Elternteil macht den Kindern Vorhaltungen, die ihrem Ursprung nach Selbstvorwürfe sind.

3. Erziehungspraktiken: In der neueren Familienforschung wird hervorgehoben, dass die Gestaltung des Familienlebens und die Verteilung der Aufgaben zwischen den Geschlechtern zum Gegenstand von Aushandlungsprozessen geworden sind, in die nach Möglichkeit alle Familienmitglieder eingebunden werden. Empirisch gibt es zwar nach wie vor Familien, in denen autoritäre Umgangsformen den Alltag beherrschen, in der Tendenz jedoch bestimmen kindbezogene, akzeptierende und die Selbstständigkeit der Heranwachsenden unterstützende Haltungen das Kommunikations- und Erziehungsklima (Peuckert 2007, 51). In der Erziehungsstilforschung ist es üblich, das diesbezügliche Elternverhalten nach dem Grad der ausgeübten *Kontrolle* und den Formen der praktizierten *Zuwendung* zu unterscheiden. Kombiniert man beide Merkmale, erhält man eine relativ konsistente Typologie. In Tabelle 2 sind die entsprechenden Erziehungsstile und die damit verbundenen Begriffe und Autoren aufgelistet.

Tabelle 2: Systematik der Erziehungsstile

		Zuwendung	
		emotionale Wärme	emotionale Kälte
Kontrolle	hoch	demokratisch (Lewin) sozial-integrativ (Tausch/Tausch) autoritativ (Baumrind)	autoritär (Lewin) dominant (Tausch/Tausch)
	gering	antiautoritär permissiv (Baumrind)	laissez-faire (Lewin) vernachlässigend

- *Demokratische* elterliche Erziehungspraktiken sind durch Offenheit und klare Strukturen gekennzeichnet. Die Kinder fühlen sich durch die erfahrene Anerkennung akzeptiert und entwickeln die Bereitschaft zur Mitgestaltung des Familienalltags. Verhaltenswartungen müssen begründet und individuelle Ansprüche gerechtfertigt werden. Dadurch sind die Bedingungen für die Entwicklung sozialer und personaler Kompetenzen ausgesprochen günstig (Tausch/Tausch 1998).
- *Autoritäre* Erziehungsstile bieten den Heranwachsenden nur wenig konstruktive Mitgestaltungsmöglichkeiten. Durch die damit verbundene Dominanzausübung und Strafpraxis entwickeln die Kinder in der Regel Ängste, aber kein sicheres Selbstvertrauen (Baumrind 1991).
- *Antiautoritäre* Erziehungspraktiken sind vor allem im Kontext der 1968er Bewegung populär worden. Die Ablehnung von Autorität in Verbindung mit emotionaler Zuwendung führte dazu, dass die Kinder als Partner auf Augenhöhe wahrgenommen wurden. Die Problematik antiautoritärer Erziehung liegt also nicht darin, dass es keine klaren Ordnungen gibt, sondern in der mangelnden Entwicklungssensibilität gegenüber den Heranwachsenden. Man mutet den Kindern schlichtweg zu viel zu.
- *Laissez-faire* lässt sich durch elterliches Desinteresse und Distanz kennzeichnen. Aus Gruppenstudien ist bekannt, dass immer dann, wenn die Leitungspersonen die Zügel schleifen lassen und sich emotional gleichgültig verhalten, die Gruppenmitglieder haltlos werden und ohne anerkennende Rückmeldungen ein erhöhtes Aggressionspotenzial entwickeln. Darum sind in Familien, in denen die Kinder vernachlässigt werden, Risikobiografien vorprogrammiert.

4. Entwicklungsfördernde Erziehung: Betrachtet man das elterliche Erziehungsverhalten als Teil des Interaktionssystems Familie und stellt ganz allgemein die Frage, welche Bedingungen entwicklungsfördernd wirken, dann lassen sich hier in Anlehnung an Sigrid Tschöpe-Scheffler (2005) ganz klare Aussagen treffen: Je besser es Familien gelingt, anregende und gut *strukturierte Bedingungen* herzustellen, in denen sich emotionale, den anderen zugewandte *Bindungen* und *Anerkennungsformen* entwickeln können, wobei die gegenseitigen Erwartungen, Regeln und Zuständigkeiten unmissverständlich definiert sein sollten, desto günstiger sind die Einflüsse und Wirkungen des Systems auf die Kompetenz- und Persönlichkeitsentwicklung aller Familienmitglieder.

Literatur

Ecarius, J. (Hrsg.) (2007): Handbuch Familie. Ein erziehungswissenschaftliches Handbuch.
Ohne die interdisziplinäre Sicht auf die Familienstrukturen und Formen aufzugeben, werden in diesem Herausgeberband in zahlreichen Einzelartikeln die pädagogischen Aspekte der Familie als Bildungsinstitution und Lebenswelt in den Blick gerückt, wobei ausdrücklich auch Fragen des Familienrechts und der Familienhilfe behandelt werden.

Peuckert, R. (2005): Familienformen im sozialen Wandel.
Das Buch enthält eine sehr detaillierte Darstellung zur gesellschaftlichen Lage der Familie. Im Zentrum stehen die Folgen der Pluralisierung der Lebensformen unter besonderer Berücksichtigung des Wandels der Elternschaft und der Geschlechterrollen.

Hofer, M., Wild, E., Noack, P. (Hrsg.) (2002): Lehrbuch Familienbeziehungen. Eltern und Kinder in der Entwicklung.
Ausgehend von der These, dass Familien soziale Systeme sind, die sich selbst mit der Entwicklung jedes einzelnen ihrer Mitglieder verändern, werden in diesem Lehrbuch verschiedene Theorien und Forschungsbefunde zum Wandel der Familienbeziehungen präsentiert. Im Blickpunkt stehen dabei die unterschiedlichen Familienphasen, die entlang der Lebensspanne rekonstruiert werden.

Internet

http://www.familienhandbuch.de
Das Online-Familienhandbuch richtet sich gleichermaßen an Eltern, Erzieherinnen, Lehrer und Wissenschaftler. Es enthält sowohl Informationen, Ratschläge und Tipps rund um die Familie als auch viele wissenschaftliche Beiträge zu Themen der Kindheits-, Jugend- und Familienforschung.

Was lernt man eigentlich in der Schule?

4

Die Schule hat den gesetzlichen Auftrag, durch Bildung und Erziehung die heranwachsenden Kinder und Jugendlichen zur selbstständigen und verantwortungsvollen Teilnahme am gesellschaftlichen Leben zu befähigen. Wie wir inzwischen jedoch wissen, sind nicht alle Schulen in Deutschland dabei erfolgreich. Auf das gesamte Schulsystem bezogen, liegt der Anteil derjenigen Schüler (damit sind immer Schüler und Schülerinnen gemeint), die am Ende ihrer Schulzeit nicht über hinreichende alltagstaugliche Kompetenzen verfügen, bei etwas mehr als 20 % (Baumert et al. 2001, Prenzel et al. 2004). In diesem Kapitel sollen einige, aus sozialisationstheoretischer Sicht problematisch erscheinende Befunde der aktuellen Schul- und Bildungsforschung vorgestellt werden. Im Zentrum stehen dabei aber nicht die Prozesse des Wissenserwerbs, sondern die Wirkungen der Schule als einer „organisierten Sozialisationsinstanz".

Die Schule als gesellschaftliche Organisation

Die Tatsache, dass fast ausnahmslos alle Erwachsenen Anekdoten aus ihrer Schulzeit zu berichten wissen, unterstreicht, wie nachhaltig schulische Erfahrungen wirksam bleiben. In der Regel handeln solche Geschichten von besonderen Vorkommnissen mit Lehrern und außergewöhnlichen Erlebnissen mit Mitschülern. Das Schulsystem, mit seinen frühen Auslesepraktiken und seinen mehrgliedrigen, auf der gemeinsamen Grundschule aufbauenden Sekundarschulformen, wird dabei selten in Frage gestellt.

1. Funktionen und Aufgaben der Schule: In modernen Gesellschaften ist die Schule das Kernstück eines differenzierten und flächendeckend ausgebauten Systems staatlich organisierter Bildung. Als Organisation hat sie die Aufgabe, mit den ihr zur Verfügung stehenden erzieherischen und didaktischen Mitteln, insbesondere über den Fachunterricht, für die *Bildung* der nachwachsenden Generationen zu sorgen. Dabei steht der Bildungsbegriff für ein sehr weit gefasstes Spektrum von gesellschaftlichen Anforderungen und darauf bezogenen individuellen Kompetenzen. Diese in der Literatur häufig auch als „Funktionen" beschriebenen Leistungserwartungen, die über das Bildungssystem an die Schulen von außen herangetragen werden, bestimmen die Handlungspraktiken im Innern (Fend 2006).

> **Kernaussage**
>
> **Als Organisation muss sich die Schule gleichzeitig zu den beruflichen *Qualifikationsforderungen* des Wirtschaftssystems verhalten, an den Rahmenbedingungen des politischen Systems orientieren und entsprechende *Teilhabeformen* ermöglichen. Mit ihren äußeren und inneren Differenzierungsformen bezieht sie sich auf die etablierten Mechanismen der *sozialen Statusverteilung* und mit ihren Bildungsangeboten muss sie die Weitergabe der *handlungsleitenden Grundüberzeugungen* der Kulturgemeinschaften gewährleisten.**

Diese gesellschaftlich definierten Qualifikations-, Integrations-, Berechtigungs- und Sozialisationsaufgaben soll die Schule in standardisierten, didaktisch reflektierten und methodisch kontrollierten Lehr-Lern-Formen über Bildungsprozesse organisieren und realisieren. Dazu benötigt sie in der Regel wissenschaftlich ausgebildetes Personal. Die *Lehrer* werden als Fachexperten und professionell arbeitende Pädagogen eingestellt. Den Heranwachsenden wird indessen die *Schülerrolle* vorbehalten. Die damit formell hergestellte soziale Arbeitsbeziehung ist sachorientiert. Allerdings lassen sich die zwischenmenschlichen Gefühle und Bindungswünsche auf der informellen Ebene nicht vollständig neutralisieren (Oevermann 1996). Hier besteht die Kunst des Lehrerhandelns darin, eine pädagogisch ausgewogene Nähe-Distanz-Balance zu finden.

2. Risikogruppen: In der öffentlichen Diskussion steht die Schule gegenwärtig unter einem erheblichen pädagogischen Legitimationszwang. Denn in Deutschland gelingt es derzeit nicht, allen Schülern ein Minimum an solider, alltagstauglicher Grundbildung mit auf ihren Lebensweg zu geben. Wie der Abbildung 3 zu entnehmen ist, verfügen 22,3 % bzw. 21,6 % aller 15-jährigen Schüler nach Maßgabe der PISA-Daten am Ende der Sekundarstufe 1 lediglich über bescheidene Grundschul-

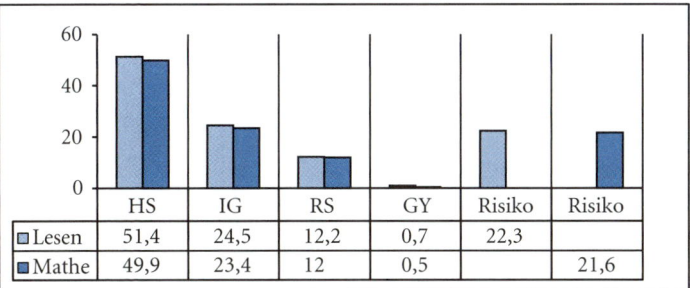

HS = Hauptschule: IG = Integrierte Gesamtschule, RS = Realschule; GY = Gymnasium

Abbildung 3: Schwache Lerner in unterschiedlichen Schulformen

fertigkeiten im Lesen (Schaffner et al. 2004, 105) und Rechnen (Blum et al. 2004, 73). Bei genauerer Betrachtung der sogenannten *Risikogruppe* zeigt sich, dass überproportional viele Hauptschüler dazu gehören. Ein besonders hoher Anteil kommt aus sozial schwachen und traditionell bildungsfernen Schichten.

3. Sind die Armen die Dummen? Wenn man die PISA-Schülerschaft nach ihrer sozialen Statuslage in vier Gruppen – gemessen am ökonomischen, sozialen und kulturellen Kapital ihrer Familien – einteilt, dann liegt der Anteil derjenigen aus Soziallagen oberhalb der Mitte im Gymnasium bei über 80 Prozent. Hingegen besuchen nur 5,6 % der Kinder aus der unteren Sozialschicht ein Gymnasium. Für diese Kinder ist, wie Abbildung 4 zeigt, vor allem die Hauptschule da. Sind damit die Schüler aus sozial schwächeren Kreisen also die Dummen? Wenn man nur die relativen Bildungschancen betrachtet, muss man die Frage bejahen – jedoch ausschließlich in dem Sinn, dass sie schlichtweg die *schlechteren Karten* haben. Denn bei gleichen kognitiven Grundfähigkeiten und Fachkompetenzen ist die Chance eines Jugendlichen aus der sozialen Oberschicht nach der Grundschule auf das Gymnasium zu wechseln, im Vergleich zu einem Schüler aus der unteren Mittelschicht fast 6-mal so hoch (Ehmke et al. 2004, 246).

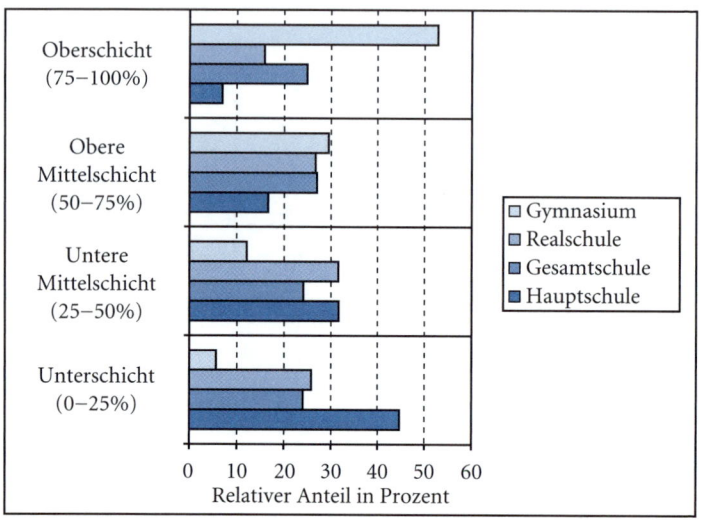

Abbildung 4: Schulbesuch, Schulform und soziale Lage

Die Schule als Vergesellschaftungskontext

Die Tatsache, dass die Schule soziale Kanalisierungseffekte erzeugt und bekräftigt, ist inzwischen empirisch gut belegt (Baumert et al. 2006). Ganz offenbar hängen der schulische Lernerfolg und die Leistungsentwicklung nur sehr bedingt von den individuellen Begabungen ab. Tatsächlich ist noch immer der „heimliche Lehrplan" (siehe unten) der überkommenen ausleseorientierten Belehrungsschule vielerorts in Kraft.

1. Soziale Ungleichheit: Eine anregende, wenngleich heute nur noch bedingt aussagekräftige Erklärung der sozialen Sortierungseffekte der Schule gab der britische Soziolinguist *Basil Bernstein* (1924–2000) in den 1950er Jahren. Seiner Ansicht nach konnten Mittelschichtkinder den formalen schulischen Kommunikationspraktiken einfach besser folgen, weil sie in ihren Familien gelernt hätten, wie man sich *verbalsprachlich differenziert* verständigt und eigene Interessen artikuliert (Bernstein 1959). Die Kinder der Arbeiterklasse hingegen würden aus schulfernen Elternhäusern kommen und hätten im primären Sozialisationsprozess einen stark *gestikulierenden und expressiven Kommunikationsstil* verinnerlicht. Bei dieser Sprechweise würde die semantische Klarheit auf der Strecke bleiben. Außerdem würden die Arbeiterkinder spüren, dass ihre Art der Lebensführung beim schulischen Personal auf Unverständnis stößt und pädagogisch abgewertet wird. Die Kluft zwischen der schulischen und der familiären Lebenswelt sei dadurch so groß, dass Kinder aus einfachen Verhältnissen fast zwangsläufig scheitern müssten – und genau dadurch würden die sozialen Ungleichheitslagen reproduziert.

2. Schulformen und Qualitätsunterschiede: Seit über vierzig Jahren erscheinen in regelmäßigen Abständen Bücher, die auf die „soziale Auslese" und „institutionelle Diskriminierung" durch die Schule hinweisen (Rolff 1967, Becker/Lauterbach 2007). Dabei spielen die milieuspezifisch geprägten Habitusformen der Eltern eine wichtige Rolle. Für die alten Bundesländer konnte gezeigt werden, dass Familien in prekären sozialen Verhältnissen ihre Kinder auch dann bevorzugt zur Hauptschule schicken, wenn diese von ihren Kompetenzvoraussetzungen problemlos in der Lage wären, dem Unterricht in anderen Schulformen zu folgen (Becker/Lauterbach 2002). Brisant bei der *Schulwahlentscheidung* ist aber auch die offenbar geringe Verlässlichkeit der Lehrerempfehlungen. So wurde in der IGLU-Studie festgestellt, dass über 40 % der Schüler, die im Grundschullesetest nur Ergebnisse im unteren Leistungsbereich erreichten, eine Realschul- oder sogar Gymnasialempfehlung erhalten haben (Bos et al. 2003).

Beides zusammen – die *Schichtabhängigkeit der Übergangsentscheidung* und die *Prognoseunsicherheit der Übergangsempfehlung* – führt dazu, dass die Schülerschaft am Eingang der Sekundarstufe 1 in Bezug auf ihren Lernausgangsstand weniger homogen ist als gemeinhin behauptet wird. Tatsächlich muss davon ausgegangen werden, dass die unterschiedlichen Bildungsgänge und Lernkulturen nicht zwangsläufig zu einer begabungsadäquaten Förderung beitragen, sondern auch zu einer schulformspezifischen Nivellierung der Schülerleistungen führen (Baumert et al. 2006). Ohne echte Aufstiegsperspektiven verlieren viele potenziell leistungsfähige Hauptschüler ihre Lernmotivation. Anders ist die Konzentration der Risikoschüler in diesem Schultyp und das Anwachsen der Gruppe der schwachen Leser von gut 10 % aller Neunjährigen (Bos et al. 2003) auf über 20 % aller Fünfzehnjährigen (Prenzel et al. 2004) nicht zu erklären.

Abgesehen von den Gerechtigkeitsfragen, die damit verknüpft sind, zeigt sich, dass die *Qualitätsunterschiede zwischen den Schulen* auch innerhalb der einzelnen Schulformen erheblich sind. Wider Erwarten werden gerade in sozialen Brennpunktbereichen häufig sehr gute pädagogische Leistungen erbracht (Fauser et al. 2007).

> **Kernaussage**
>
> **Wie die Schule als Sozialisationsumwelt und Lernort gestaltet wird, hängt vor allem vom Engagement der Schulleitungen und Lehrerkollegien ab.**

3. **Heimlicher Lehrplan:** Als Institution mit organisatorischen, lernkulturellen und pädagogisch-sozialen Infrastrukturen verlangt die Schule von all ihren Mitgliedern, dass sie sich auf verbindliche Leistungsanforderungen einstellen und ihr soziales Miteinander an gemeinsamen Regeln orientieren. Je weniger Gestaltungsspielräume die Einzelnen dabei haben, desto wahrscheinlicher ist es, dass sie unter dem Zwang der formalen Organisation spezielle *Anpassungsstrategien* entwickeln, auf die sich später dann in aller Regel die Schulanekdoten beziehen. Philipp Jackson sprach in seiner klassischen Studie von den „Schmerzen, die der Schulalltag" alleine schon „durch die Notwendigkeit" verursache, „die Formen des Verkehrs darin zu organisieren" (Jackson 1968, 19).

Seine These, dass unter den Bedingungen der bürokratisierten Belehrungsschule neben dem offiziellen Lehrplan *ein heimlicher, auf die formalen Regeln der Organisation bezogener Lehrplan* existieren würde, illustrierte er an verschiedenen Beispielen. Für die Lehrer ist das Unterrichten anstrengend, weil sie aus der Frontalperspektive unentwegt Impulse geben und dabei ständig alle Schüler im Blick behalten müssen. Die Schüler wiederum stehen unter Dauerbeobachtung. Häufig müssen sie bis zu zehn Stunden am Tag kontinuierlich ihr Interesse demonstrieren. Auch das ist extrem belastend – und zwar nicht nur, wenn es langweilig wird oder man den Faden verloren hat.

> **Kernaussage**
>
> **Also lernen die Schüler neben dem, was auf dem Lehrplan steht, auch das, wozu sie die formelle Lehr-Lern-Ordnung in der klassischen Unterrichtsanstalt zwingt: Techniken zur Bewältigung des Schulalltags und Strategien zur Identitätssicherung. Dazu gehört zum Beispiel das Wissen, dass man eben nicht für das Leben, sondern für den nächsten Leistungstest lernt. Dazu gehört auch, dass man weiß, wie man blufft oder seinen Lehrern schmeichelt.**

Gut an die Organisation angepasste Schüler sind in der Lage, interessiert und geistvoll zu wirken, selbst wenn sie mit ihren Gedanken ganz woanders sind. Sie verstehen es, sich Vorteile zu verschaffen und haben gewissermaßen unter der Bank gelernt, wie man in wichtigen Situationen täuschen kann. All das sind *sozialisatorische*, also pädagogisch *nicht beabsichtigte* – und in diesem Fall sogar professionsethisch höchst *fragwürdige* – Wirkungen der traditionellen Schulorganisation.

Sehr wahrscheinlich zeichnen sich „gute" Schulen gerade dadurch aus, dass sie mit zahlreichen Formen der bürokratischen Belehrungsschule gebrochen haben und den Schülern vielfältige *Partizipationsmöglichkeiten* eröffnen. Das heißt, dass die Schülerrolle intern stark ausdifferenziert ist und das sogenannte „Rollen-Set" – also die Gesamtheit der Sozialbezüge innerhalb der Organisation – bezugsreicher angelegt ist. So werden beispielsweise durch die Altersgruppenmischung ältere Schüler zu Mentoren von jüngeren, oder durch die Übertragung der Verantwortung für das gemeinschaftliche Miteinander entstehen neue demokratiepolitische Aufgaben und Funktionen (Beutel / Fauser 2007). Dabei versuchen diese Schulen den „heimlichen Lehrplan" (Zinnecker 1975) der traditionellen, auf 45 Minuten und Frontalunterricht ausgerichteten Schulanstalt lernkulturell aufzubrechen.

Die Schule als Ort der Persönlichkeitsentwicklung

Aus der Perspektive der Schüler ist die Schule nicht nur eine organisierte Lernumgebung, sondern auch ein Ort der Begegnung. Ganz grob lassen sich die Beziehungen, die man zu den Lehrern unterhält, von den Beziehungen untereinander unterscheiden (Tillmann 2006). Lehrer handeln als Repräsentanten der Organisation im Bewusstsein der Alters-, Wissens-, Macht- und Kompetenzdifferenzen betont sachbezogen. Schüler hingegen nehmen sich wechselseitig viel stärker als gleichgestellte Personen wahr.

1. Die Lehrer-Schüler-Interaktion: Betrachtet man eine konkrete Unterrichtssituation, wird sehr schnell deutlich, wie sich in der Lehrer-Schüler-Interaktion die *sachlichen und interpersonellen Bezüge* vermischen. Lehrer sind eben nicht nur „Unterrichtsvollzugsbeamte", sondern körperlich präsente Personen, die bei ihren Schülern das ganze Spektrum von Sympathiegefühlen wecken können, aber auch umgekehrt selbst mit ähnlichen Empfindungen umgehen müssen (Oevermann 1996). Dazu ein Beispiel. Eine Lehrerin ruft zu Beginn der Mathematikstunde einen Schüler auf und stellt ihm eine sehr einfache Aufgabe mit den Worten: „Jetzt wollen wir doch mal sehen, ob die PISA-Befunde stimmen. Paul, geh' mal an die Tafel und zeig' uns, was Du kannst!" Der Schüler wird in dieser Situation sprichwörtlich vor ein Sachproblem gestellt und muss gleichzeitig überlegen, was ihm die Lehrerin auf der Beziehungsebene mitteilt (Schulz von Thun 1995). Ist es ein bissiger Kommentar zur PISA-Studie, also eine einladend und lustig gemeinte Unterrichtseröffnung oder das Vorspiel zu einer gefährlich werdenden Prüfung? Kennt der Schüler die Lehrerin schon länger, kann er einschätzen, was ihn erwartet und versuchen, sich darauf einzustellen. Bezogen auf die Aufgabenschwierigkeit muss er damit rechnen, dass er bei einem Fehler entweder den Unmut der Lehrerin oder den Spott der Klasse auf sich zieht. Beides wäre wahrscheinlich für sein Selbstwertgefühl sehr ungünstig.

2. Soziale Typisierungen: In der Unterrichtssituation haben die Lehrer in der Regel die Definitionshoheit. Sie geben die Themen vor, kommentieren das Schülerverhalten und bewerten die Qualität von Leistungen. Dabei ist ihr Wissen über einzelne Schüler in der Regel nur *fragmentarisch*. Dennoch werden aus dem sichtbaren Verhalten permanent Rückschlüsse über die Gesamtpersönlichkeit gezogen. Auch die Schüler machen das so, doch in der Schule können solche subjektiven Charakterisierungen immer dann besondere Wirkungen erzeugen, wenn diejenigen, die den anderen bestimmte Persönlichkeitseigenschaften zuschreiben, auch tatsächlich großen Einfluss haben. So erklären viele Lehrer schwache Lernleistungen weniger mit dem eigenen Unterrichtsverhalten, sondern mit generellen „Begabungsdefiziten" ihrer Schüler. Damit aber setzen sie einen „Teufelskreis" in Gang: Wenn nämlich die Lehrerin in dem beschriebenen Fall Paul die Begabung für Mathematik abspricht, dann erscheint die Art und Weise, wie sie den Schüler zur Tafel zitiert, zynisch. Er soll vorgeführt werden. Der Schüler muss sich dazu verhalten. Dabei hat er, selbst bei einer guten Leistung, nur eine sehr geringe Chance, sich gegen die massive Zuschreibung zu wehren. Sehr wahrscheinlich hat er ohnehin bereits gelernt (siehe „heimlicher Lehrplan"), dass es sich unter diesen Umständen auch gar nicht lohnt.

3. Resilienz: An diesem Beispiel wird auch deutlich, dass die Wirkungen sozialer Umwelteinflüsse nicht allein vom Kontext, den Handlungspraktiken und den Interaktionspartnern, sondern eben auch von den Eigenaktivitäten der Personen abhängig sind. So könnte der Schüler zu sich selbst sagen: „Sie mag mich halt nicht, aber deshalb bin ich noch längst nicht unbegabt!"

> **Definition**
>
> **Die Fähigkeit Heranwachsender, mit schwierigen Situationen oder belastenden Lebensumständen konstruktiv umzugehen, wird als „Resilienz" bezeichnet (Petermann et al. 2004, 344).**

Widerstandsfähige Kinder, die beispielsweise in ökonomisch angespannten häuslichen Verhältnissen leben, zeichnen sich dadurch aus, dass sie sich aller Einschränkungen zum Trotz, relativ sicher in ihren unterschiedlichen sozialen Bezugsgruppen bewegen und durchaus schulischen Erfolg haben. Den gefährdeten Kindern hingegen fehlen häufig die sozialen Bindungen und personalen Kompetenzen, um mit dem aus ihrer sozialen Lage resultierenden zusätzlichen Anerkennungsmangel fertig zu werden. Sie ziehen sich zurück, werden fatalistisch oder geben ihre Frustration an ihre Umwelt weiter, indem sie abweichende Verhaltensformen entwickeln (Chassé et al. 2003).

> **Kernaussage**
>
> **Lehrer, die an der Persönlichkeits- und Kompetenzentwicklung ihrer Schüler interessiert sind, versuchen deren biografische Lebenssituation zu verstehen und reflektieren gleichzeitig ihr eigenes Handeln in der Mehrfachrolle als Interaktionspartner, Pädagoge und Vorbereiter von Lerngelegenheiten.**

Literatur

Fend, H. (2006): Neue Theorie der Schule. Einführung in das Verstehen von Bildungssystemen.
In diesem Buch beschreibt einer der renommiertesten deutschsprachigen Sozialisations- und Schultheoretiker unter anderem, wie die Schule als Organisation und Lebenswelt die Persönlichkeitsentwicklung beeinflusst.
Fauser, P., Prenzel, M., Schratz, M. (Hrsg.) (2007): Was für Schulen! Gute Schule in Deutschland.
Das Buch dokumentiert die Leistungen von guten Schulen und zeigt anhand von hervorragenden Beispielen wie es gelingen kann, den „heimlichen Lehrplan" der alten Belehrungsschule in einer transparenten Schulkultur pädagogisch aufzuheben.

Internet

http://pisa.ipn.uni-kiel.de/ oder http://www.mpib-berlin.mpg.de/pisa/ oder http://www.pisa.oecd.org

Unter diesen Webadressen finden sich alle Informationen über das Programme for International Student Assessment (PISA). Außerdem können hier die wichtigsten Ergebnisse und Berichte online abgerufen werden.

http://www.ganztagsschulen.org

Auf der Website des Bundesministeriums für Bildung und Forschung erhält man detaillierte Informationen über das 2003 auf den Weg gebrachte Investitionsprogramm „Zukunft Bildung und Betreuung" (IZBB). Im Zentrum stehen die aus sozialisationstheoretischer Sicht hoch bedeutsamen Aktivitäten rund um den Auf- und Ausbau von Ganztagsschulen.

Wie wichtig sind die Anderen?

5

Soziale Gruppen gibt es viele. Deshalb wäre es sachlich sicherlich naheliegend, auf die Sozialisationsbedeutung beispielsweise von Spielgruppen, Schulklassen, Cliquen, Arbeits- oder Interessengemeinschaften einzugehen. Wenn im Folgenden eher die traditionelle Variante der Darstellung von Peer- und Freundesgruppen bevorzugt wird, dann deshalb, weil an diesen speziellen Formen exemplarisch gezeigt werden kann, wie die Interessen der Einzelnen in Abhängigkeit von ihrem Entwicklungsstand und ihrer Lebenslage die Wahrnehmung und Gestaltung von sozialen Beziehungen beeinflussen. Da im alltäglichen Miteinander Handys oder Computer nicht mehr wegzudenken sind, soll in diesem Kapitel, mit Blick auf die in Abbildung 1 vorgestellte Systematik, kurz auch die Frage nach der sozialisatorischen Wirkung von Medien thematisiert werden.

Soziale Gruppen

> **Definition**
>
> **Eine Gruppe ist ein Zusammenschluss von Menschen, die gemeinsame Interessen verfolgen und im Gefühl ihrer Zusammengehörigkeit ihre Aktivitäten über einen längeren Zeitraum aufrechterhalten (Schäfers 2006).**

1. Gruppenstrukturen: Gruppen unterscheiden sich nach ihrer Größe, ihren Zielsetzungen und Strukturen. Während die Mitglieder von *Kleingruppen* ihr Verhalten gegenseitig *stark kontrollieren*, entwickeln *größere Gruppen* zu ihrer Bestandssicherung entweder *informelle Regelsysteme* wie Sitten und Gebräuche oder *formelle Konventionen* und Satzungen. Gruppen, die auf starken persönlichen Bindungen aufbauen, tendieren zur klaren Abschließung nach außen. Nach innen geben sie ihren Mitgliedern das Gefühl der Zugehörigkeit und die Chance, als ganze Person – und nicht wie in Organisationen nur als Rollenträger –

Anerkennung zu finden. Im geschützten Binnenraum solcher Solidargemeinschaften gelten eigene Gruppennormen, die vor allem der Zielerreichung und der Koordination der Handlungen ihrer Mitglieder dienen. Dabei entstehen spezielle Rollenordnungen und Machtstrukturen. Zur Selbstidentifikation entwickeln die Gruppenmitglieder eigene Definitionen und Gemeinschaftssymbole.

2. Peergruppen: Aus sozialisationstheoretischer Sicht besonders wichtig ist neben der Familie die Peergruppe. Ursprünglich wurde das englische Wort „Peer" zur Kennzeichnung ranggleicher Personen unter Adligen in der Bedeutung von „Ebenbürtigkeit" verwendet (Schmidt-Denter 2005).

> **Definition**
>
> **Im sozialwissenschaftlichen Kontext bezeichnet der Begriff „Peer" die Gruppe der Altersgleichen, wobei das Alterskriterium nicht streng angewendet wird.**

Peerbindungen entstehen auf der Basis ähnlich gelagerter entwicklungsbiografischer, sachlicher oder sozialer *Interessen*. Sie werden *freiwillig* eingegangen, indem sich die Einzelnen wechselseitig ihre Bereitschaft signalisieren, etwas miteinander unternehmen zu wollen.

Um eine tragfähige soziale Handlungsgrundlage herzustellen, sind die Peers gezwungen, ihre individuellen Tätigkeiten und Sichtweisen aufeinander abzustimmen (Krappmann/Oswald 1995). Dieses verlangt von jedem die „Bereitschaft zur Absprache und die Einhaltung von Zusagen, die im Rahmen von geteilten, daher auszuhandelnden Vorstellungen von Fairness, Gerechtigkeit und Fürsorglichkeit getroffen werden müssen" (Krappmann 2004, 256).

Auf der Grundlage der praktischen Erfahrung der Gleichberechtigung entwickelt sich in der Interaktionspraxis ein gruppenspezifischer Verstehenshorizont. Die Welt, die die Peers wahrnehmen und das, was sie miteinander erleben, unterscheidet sich bei Kindern und Jugendlichen erheblich von ihren Erwachsenenbezügen. Hier spielen die Kompetenz- und Machtunterschiede, die das Verhältnis dort bestimmen, keine Rolle. *Man ist einander ebenbürtig.* Die Suche nach gemeinsamen Erlebnissen wird dabei zu einem zentralen Modus der Identitätsfindung. In der jugendlichen Peergruppe werden neue Selbstkonzepte entwickelt. Von der *Anerkennung* durch die anderen hängt es ab, in welcher Form die eigenen Kompetenzbedürfnisse, Zugehörigkeitswünsche und

Autonomieansprüche zur Geltung kommen. Obwohl die Peergruppe den Ablösungsprozess der Heranwachsenden von ihren Familien forciert, ist sie nicht zwangsläufig ein Garant für Autonomiezuwachs und Integration. Auch unter Peers sind Fehlleitungen, Ungerechtigkeiten und neue Abhängigkeiten möglich.

Freundschaftsbeziehungen

Peers müssen nicht in jedem Fall Freunde sein. Vor allem in größeren Gruppen gibt es sehr vielfältige *Sympathie- und Antipathieabstufungen*. Auch wenn sich die Heranwachsenden als gleichberechtigte Partner begegnen und wahrnehmen, sind ihre Interaktionen relativ störungsanfällig, da ihre gegenseitigen Beziehungen von der Selbstwahrnehmung ihrer eigenen Rolle und ihrem sozialen Rollenverständnis abhängen. Beides verändert sich im Verlauf der Individualentwicklung in Folge der Ausdifferenzierung der Fähigkeit zur *Perspektivenübernahme*. Was das genau heißt, lässt sich an der Entwicklung des Freundschaftsverhältnisses verdeutlichen.

1. Freundschaftskonzepte: Am Spezialfall der Zweierbeziehung kann sehr schön gezeigt werden, wie das Anregungspotenzial, das in der sozialen Handlungspraxis der Gleichaltrigengruppe angelegt ist, entwicklungsabhängig in immer wieder neuen Anläufen angeeignet, erschlossen und reflexiv erweitert wird. Dazu zunächst zwei Beobachtungen.

- Ein 4½-jähriger Junge erklärt seinem Vater, dass er nicht mehr sein Freund sein werde, wenn dieser beim Spielen weiterhin etwas anderes machen würde als er. Um der Ernsthaftigkeit seiner Ankündigung Nachdruck zu verleihen, gibt er ihm zu verstehen, dass er beabsichtigt, ihn nicht zu seiner nächsten Geburtstagsfeier einzuladen.
- Besucher der Kinderuniversität im Alter zwischen 8 und 10 Jahren werden gefragt, ob sie auch mit ihrer Mama und ihrem Papa befreundet sind. Sofort entsteht Unsicherheit. Während manche prompt mit Ja antworten, erklären andere, dass man mit den eigenen Eltern nicht befreundet sein kann. Sie begründen ihre Überzeugung mit dem Hinweis, dass man sich seine Freunde selbst aussucht. Auf die Nachfrage, ob das Kriterium der Wählbarkeit auch für Geschwister gilt – also ob man mit der eigenen Schwester oder dem eigenen Bruder befreundet sein kann – entbrennt eine hitzige Diskussion.

Tabelle 3: Subjektperspektive und Freundschaftskonzept

Subjektperspektive	Freund	Freundschaft
Egozentrismus	Spielpartner	Gelegenheitspartnerschaft
Subjektivität	Wunschpartner	Einseitige Hilfe
Einfache Perspektivenübernahme	Vertrauensperson	Schönwetter-Kooperation
Soziale Perspektivenkoordination	Wahlpartner	Gegenseitiger Austausch
Generalisierte Sozialperspektive	Verbündete	Konstruktive Entwicklungsbeziehung

Aus sozialisationstheoretischer Sicht stellt sich die Frage, wodurch sich die Freundschaftskonzepte dieser Kinder unterscheiden. Die amerikanischen Entwicklungspsychologen William Damon (1984), Robert Selman (1984) und James Youniss (1994) haben mit ihren Forschungsteams untersucht, was es für Kinder und Jugendliche im Alter zwischen 4 und 16 Jahren genau bedeutet, „Freunde" zu haben. Ihre Studien ergaben, dass die Vorstellungen über die Rolle von Freunden und das Verständnis von Freundschaftsbeziehungen bei kleinen Kindern stets von ihren *konkreten praktischen Interessen* abhängt. Ein guter Freund ist jemand, mit dem man gut zusammen spielen kann. Deshalb sei Freundschaft nur die logische Konsequenz davon, dass man sich im Spiel versteht. Wenn Papa also die Regeln ändert, ist er nicht mehr ein „Freund". Kinder, die mit ihren Geschwistern viel anzufangen wissen, sehen das ähnlich, zumindest solange sie von ihren Schwestern und Brüdern als Spielpartner wahrgenommen werden.

2. Gegenseitigkeit und Perspektivenübernahme: Die Art und Weise, wie Heranwachsende soziale Beziehungen wahrnehmen, hängt von ihren individuellen Entwicklungsvoraussetzungen ab. Wenn sie miteinander handeln, müssen sie ihre Absichten und Perspektiven wechselseitig in sogenannten „ko-konstruktiven" Tätigkeiten aufeinander abstimmen (Youniss 1994, 102). Diese Abstimmung erfolgt auf der Basis des individuellen Beziehungsverständnisses. Tabelle 3 zeigt, wie sich die Subjektperspektive und mit dieser das Freundschaftskonzept im Entwicklungsverlauf verändert.

Nach Robert Selman (1984) lassen sich beim Freundschaftsverständnis fünf Entwicklungsstufen unterscheiden.

- *Stufe 0:* Im Vorschulalter erscheinen in der noch stark egozentrierten kindlichen Sichtweise all diejenigen Kinder als Freunde, mit denen man als Gelegenheitspartner vor Ort gut spielen kann.
- *Stufe 1:* Für Grundschulkinder, die sich bereits vorstellen können, dass es neben der eigenen Sicht auch andere Perspektiven gibt, ist ein guter Freund (damit ist immer auch „Freundin" gemeint) eine Person mit ähnlichen Interessen. Freunde wissen, was man selbst gern tut und helfen deshalb mit. Davon eventuell unabhängige Eigeninteressen des Gegenübers werden nicht berücksichtigt. Deshalb können solche Freundschaften nur funktionieren, wenn sich die Partner relativ selbstlos verhalten. Da jeder dieses vom anderen erwartet, entstehen in der sozialen Praxis zwangsläufig Konflikte und Widersprüche, die letztlich dazu führen, dass neue, komplexere Freundschaftskonzepte entwickelt werden.
- *Stufe 2:* Für vorpubertierende Heranwachsende ist ein guter Freund eine Person, die ihre inneren oder wahren Einstellungen offenbart und sich dabei nicht verstellt oder gar ein falsches Bild von sich vorspiegelt. Freundschaften basieren nun auf den subjektiven Gefühlen von Zuneigung und Anerkennung. Man versteht sich, weil man sich vertraut und dabei gut miteinander auskommt. Zu Eintrübungen kann es kommen, wenn andere Freunde in Erscheinung treten.
- *Stufe 3:* Für Pubertierende ist ein guter Freund ein Mensch, mit dem man freiwillig gern zusammen ist, zu dem man Vertrauen hat und der einem ebenso zu verstehen gibt, dass man ihm wichtig ist. Freundschaft ist eine gewählte Beziehung, die man pflegen und aktiv bekräftigen muss. Deshalb werden nun auch demonstrative Verbundenheitsgesten wie Umarmungen oder Abklatschrituale immer wichtiger.
- *Stufe 4:* Für Jugendliche und Erwachsene schließlich ist ein guter Freund ein Mensch, mit dem man sich gut versteht, weil man einander vertrauen kann und sich gegenseitig in seinem Streben nach Unabhängigkeit unterstützt. Dabei gibt es Verbündete in und für unterschiedliche Lebenslagen. Die Freundschaft ist ein offenes Beziehungssystem, das sich mit den Menschen, die sie pflegen, verändert und entwickelt.

Was hier am Spezialfall der Freundschaftsbeziehungen erläutert wurde, lässt sich mit abschwächenden Modifikationen auch auf die Formen der Gegenseitigkeit oder „Reziprozität" in Peerbeziehungen anwenden.

> **Kernaussage**
>
> In den frühen Sozialisationsphasen sind es vor allem ganz konkrete praktische Gelegenheiten und Interessen, die zur Gruppenbildung führen. Mit dem beginnenden Jugendalter werden die psychosozialen Qualitäten und die Individualität der anderen zunehmend wichtiger. Dadurch werden die Mitglieder von Peergruppen untereinander ähnlicher, während sich die Gruppen selbst stärker gegenüber ihrer Umwelt abgrenzen.

Die Formen der Gegenseitigkeit hängen aber nicht nur von den individuellen Entwicklungsständen ab, sondern auch von den *Gruppenformaten*. In einer Fußballmannschaft im Erwachsenenbereich beispielsweise ist es wichtig, dass die Spieler in der Lage sind, die unterschiedlichen Perspektiven ihrer Mitspieler und ihrer Gegner zu übernehmen. Im Kinderbereich funktioniert dieses nur bedingt. Deshalb laufen hier alle, oftmals zur Verzweiflung ihrer Trainer, gleichzeitig dem Ball hinterher – aber sie gehören dazu, weil sie miteinander spielen. Im Profibereich hingegen gehört die Perspektivenübernahme zur taktischen Grundbildung. Dafür können sich die Beziehungen der Spieler untereinander und zum Verein außerhalb des Platzes problemlos auf das Geschäftsmäßige beschränken. Denn hier ist das Team nur ein Teil einer übergeordneten professionellen Organisation, die mehr einem Unternehmen gleicht als einem Verein.

Mediensozialisation

Neben persönlichen Beziehungen und sozialen Gruppen spielen heute in allen Lebensbereichen die Medien eine zentrale Rolle. Schon Vorschulkinder sind in der Lage, sich auf dem häuslichen „PC" gezielt durch die Softwareprogramme zu „klicken", im Internet zu „surfen" und den „Mediaplayer" zu bedienen. Älteren Menschen hingegen fällt es bedeutend schwerer, sich in der virtuellen Kultur des Computerzeitalters zurechtzufinden. Schon dieser Hinweis macht deutlich, dass sich die Fragen der Mediensozialisation weder auf das Kindes- und Jugendalter noch auf einzelne Gruppen oder Medienformate beschränken lassen.

> **Kernaussage**
>
> Medien sind allgegenwärtig und die sozialisatorischen Effekte, die sie erzeugen, hängen stark von den Formen ihrer Nutzung ab.

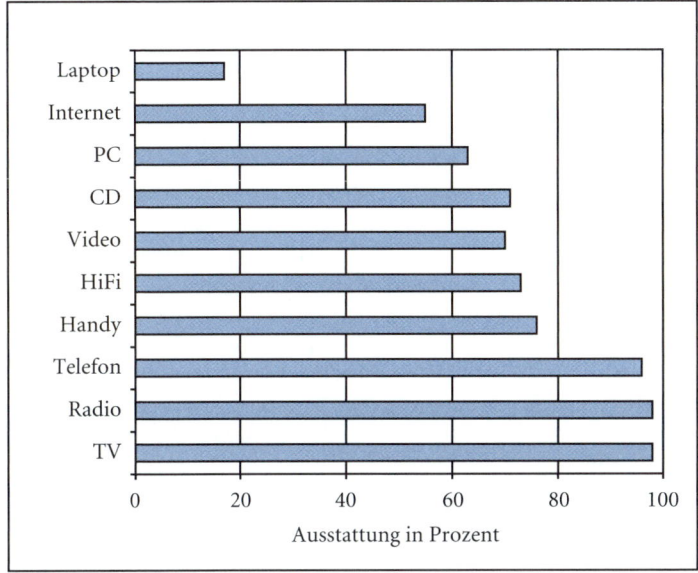

Abbildung 5: Medienausstattung der Haushalte im Jahr 2005

1. Medienausstattung: In den meisten Haushalten in Deutschland gibt es neben den klassischen Printmedien eine breite Palette von elektronischen Massenmedien. Wie die Abbildung 5 zeigt, sind Fernseher, Radio, Telefon, Handy und Computer elementare Bestandteile unserer Alltagswelt (Statistisches Bundesamt 2006, 113, 544 und 555). Sie durchdringen die soziale Handlungspraxis aller Sozialschichten und Altersgruppen.

An den Formatunterschieden zwischen Fernsehen und Internet zeigt sich, dass die klassischen, am Sender-Empfänger-Modell orientierten Muster der Einwegkommunikation erweitert worden sind durch interaktive Praktiken. *Aus Konsumenten werden Nutzer.*

> **Kernaussage**
>
> **Die Bezeichnung „Nutzer" unterstreicht dabei den aktiven Charakter der medienbezogenen Handlungen, obwohl natürlich auch die vermeintlich rezeptiven Tätigkeiten wie Lesen, Hören oder Sehen Subjektaktivitäten sind.**

2. Mediennutzung: Vom Aufstehen bis zum Schlafengehen sind Medien in allen Lebenslagen präsent. Um zu verstehen, wie sie sozialisatorisch wirken, reicht es nicht, sich nur mit den Präsentationsformen und ihren Inhalten zu beschäftigen. Medien verändern nämlich auch die Gestaltung von sozialen Praktiken und befriedigen, in Abhängigkeit vom individuellen Entwicklungsstand und der Lebenslage einer Person, ganz unterschiedliche subjektive Bedürfnisse. Man hört gemeinsam Musik, spricht über Filme oder nutzt das Handy als Kamera für Videoclips, die dann wiederum aus sehr vielfältigen Motivlagen heraus ins Internet gestellt werden. In einkommensschwächeren Familien ist das Fernsehen ein integraler Bestandteil der sozialisatorischen Praxis. In bildungsorientierten Milieus hingegen überwachen die Eltern das Einschaltverhalten und die Programmauswahl (BmFSJF 2005).

Es macht einen Unterschied, ob man Medien zur Bildung, Unterhaltung, Information, Kommunikation oder Arbeit gebraucht. Mit der Nutzung wiederum sind verschiedene Tätigkeiten (Lesen, Hören, Sehen) und Handlungsformate (Spielen, Lernen, Schreiben, Chatten, Surfen, usw.) verbunden. Ein Buch spricht den *Leser* auf andere Weise an als eine CD oder das Fernsehen den Hörer oder Zuschauer. Wer liest, setzt das Gelesene in einen Zusammenhang mit seinem eigenen Wissen und seinen eigenen biografischen Vorerfahrungen. Er bildet Hypothesen über Zusammenhänge und konstruiert auf dieser Grundlage ein vielschichtiges subjektives Situationsmodell. Ganz ähnlich verhält es sich beim *Hören*. Beim *Fernsehen* hingegen werden die Situationsmodelle mitgeliefert. Darum ist bei vielen Kinobesuchern häufig die Enttäuschung groß, wenn sie bei der Verfilmung eines gelesenen Romans die Bilder auf der Leinwand mit ihren assoziativeren Lesevorstellungen vergleichen. Beim *Computer* schließlich sind die Situationsvorgaben formatgebunden. Wer mit „ihm" erfolgreich in einen Dialog treten will, muss neben den technischen Regeln die speziellen Programmvorgaben akzeptieren – und selbstverständlich ist es sozialisatorisch nicht belanglos, ob man mit Ernie und Bert Buchstaben sammelt oder schwer bewaffnet virtuelle Terroristen jagt.

Statt nur Nachzumachen oder Auszuführen, was von einem erwartet wird, fordern die neuen Medien ihre Nutzer dazu auf, selbst initiativ zu werden. Man muss sich „einloggen", „einbringen" und Entscheidungen treffen.

Kernaussage

Fast alle diese medienbezogenen Interaktionen haben eine hohe subjektive Bedeutung. Man braucht sie, um kommunikativ anschlussfähig zu sein und man „liebt" sie, weil sie jederzeit eine auch kurzfristig zu erzielende Befriedigung in Aussicht stellen und sogar virtuelle, von den Alltagszwängen des praktischen Handelns teilweise entlastete Identitätsdarstellungen („second life") ermöglichen. Die Mediensozialisationsforschung steht hier vor ganz neuen Herausforderungen (Hoffmann / Mikos 2007).

Literatur

Schmidt-Denter, U. (2005): Soziale Beziehungen im Lebenslauf. Lehrbuch der sozialen Entwicklung.
Im Zentrum dieses bewährten Lehrbuches stehen die Veränderungen der sozialen Beziehungen im Lebenslauf. Von den frühkindlichen Beziehungssystemen bis zu den unterschiedlichen Beziehungskonstellationen älterer Menschen entsteht ein differenziertes Bild der Beziehungsgestaltung in konkreten sozialen Interaktionen.

Internet

http://www.bmfsfj.de/bmfsfj/generator/Kategorien/publikationen.html
Über diese vom Bundesministerium für Familie, Senioren, Frauen und Jugend eingerichtete Webadresse erhält man Informationen und Materialen zur Familien-, Alten-, Frauen- und Jugendpolitik. Insbesondere sind die Berichte der einzelnen Ressorts online abrufbar.

Wie entwickelt sich die Persönlichkeit?

6

Definition

Der Begriff „Persönlichkeit" dient im sozialisationstheoretischen Kontext zur Beschreibung der Funktionen, Strukturen und Fähigkeiten, die der Kompetenz einer Person, auf eine lebensbiografisch stimmige und situationsübergreifend zusammenhängende Weise zu handeln, zugrunde liegen.

Diese *Kompetenz* ist der Grund, warum wir uns selbst als Urheber unserer Handlungen erfahren. Sie sichert unsere Zurechnungsfähigkeit und ermöglicht es uns, unsere Tätigkeiten aus einem inneren Zentrum heraus zu organisieren. In der sozialisationstheoretischen Diskussion ist in diesem Zusammenhang sehr häufig vom „Ich" die Rede. Diesem „Ich" werden bestimmte, für die Auseinandersetzung mit der Umwelt als lebensnotwendig betrachtete *Funktionen* zugeschrieben.

Kernaussage

Das *Ich* muss die inneren Bedürfnisse, Empfindungen und Wahrnehmungen koordinieren, damit unter Berücksichtigung der äußeren Kontextbedingungen zielgerichtetes Handeln überhaupt möglich wird.

Diese organisatorische Fähigkeit, die den *Kern unserer Persönlichkeit* ausmacht, bildet sich im Sozialisationsprozess erst allmählich. Dabei lernt man, sich an *kulturellen Sinnsystemen* und *sozialen Normen* zu orientieren. Menschen reflektieren ihr Handeln aber nicht nur durch die verinnerlichte Brille ihrer lebensweltlichen Umgebung, sondern auch im Spiegel ihres eigenen „Selbst". Auch diese *psychische Struktur* entwickelt sich in der sozialen Interaktionspraxis. Das *Selbst* ermöglicht es einer Person, in der Vielfalt ihrer Handlungsbezüge lebensgeschichtlich konsistent und kontextunabhängig kohärent zu agieren. Um *handlungsfähig* zu sein, muss man in der Lage sein, Situationen *kognitiv* zu strukturieren. In gesellschaftlichen Kontexten ist es darüber hinaus unerlässlich, sich an *sozialen Normen* zu orientieren und seine eigenen *Gefühls- und Stimmungslagen* unter Kontrolle zu halten, während man bestimmte *Motive und Ziele* verfolgt und sich mit anderen *sprachlich verständigt*. In diesem Kapitel werden alle diese, im Persönlichkeitsbegriff analytisch verbundenen Funktionen, Strukturen und Kompetenzen unter der Perspektive ihrer Entwicklung kurz dargestellt.

Die kognitive Entwicklung

Definition

Unter kognitiver Entwicklung versteht man die Ausbildung und Differenzierung der unterschiedlichen geistigen Funktionen und Fähigkeiten. Dazu gehören unter anderem die *Wahrnehmung*, das *Wissen* und das *Denken*.

In der sozialisationstheoretischen Diskussion wurden in diesem Zusammenhang vor allem die Arbeiten des Schweizer Entwicklungspsychologen *Jean Piaget* (1896–1980) einflussreich.

1. Lernen als aktive Tätigkeit: Piaget ging davon aus, dass alle kognitiven Lernprozesse durch die Tätigkeiten des sich entwickelnden Subjekts vermittelt werden. In der *aktiven, psychisch und körperlich basierten, gegenständlich orientierten Auseinandersetzung mit der Umwelt* bilden sich aus den einfachen Reflexbewegungen des Neugeborenen immer komplexere Handlungsstrukturen. Im Umgang mit anderen Menschen und Dingen lernen die Heranwachsenden ihr Verhalten sowohl auf die sozialen Regeln ihrer Lebenswelt als auch auf die physikalischen Kausalitäten ihrer Umwelt einzustellen. So beobachten Kleinkinder, sobald sie in der Lage sind, ihre Kopf-, Augen- und Körperbewegungen zu kontrollieren, mit angespannter Aufmerksamkeit, wie Dinge, die sie hochheben und wieder loslassen, auf die Erde fallen. Sie lernen dabei etwas über die Schwerkraft und zugleich können sie den Reaktionen ihrer Bezugspersonen entnehmen, dass solche „Experimente" nicht mit allen Objekten erlaubt sind. Gläser beispielsweise sind tabu. Durch dieses aktive Probieren, Testen und Manipulieren entdecken Kinder ganz allmählich, was Spaß und Lust oder Ärger und Schmerz verursacht, ob etwas immer der Fall ist oder nur erwartet werden kann, weil es notwendig, zufällig oder mit Absicht geschieht.

2. Das Stufenmodell: Diese Fähigkeit zwischen objektiven Tatsachen, sozialen Erwartungen und subjektiven Erlebnissen zu unterscheiden, über die erwachsene Menschen ganz intuitiv verfügen, entwickelt sich nach Piagets Auffassung schrittweise in vier aufeinanderfolgenden großen Etappen (Piaget 1983). In jedem dieser Entwicklungsabschnitte – Piaget spricht auch von Stufen, um deutlich zu machen, dass es eine genetisch festgelegte Reihenfolge gibt – dominieren bestimmte, durch die innere Logik der geistigen Tätigkeiten voneinander unterscheidbare Denkformen, die unsere Sicht der Welt formal und inhaltlich strukturieren.

- *Senso-motorische Intelligenz (0–2 Jahre):* In den ersten Lebensmonaten werden die Verhaltensmöglichkeiten des menschlichen Säuglings durch einfache sensorische Wahrnehmungs- und motorische Bewegungsaktivitäten wie Schauen und Fühlen, Saugen oder Greifen bestimmt. Seine Intelligenz kommt in seinen elementaren Praktiken zum Ausdruck. Durch das wiederholte Betätigen der vorhandenen Reflex- und Bewegungsschemata gewinnt die Außenwelt ganz allmählich auch psychische Konturen. Etwa im 8. Lebensmonat entwickelt sich eine erste Form der Objektvorstellung. Das Kind entdeckt, dass die Dinge um es herum Objektqualität besitzen, also auch da sind, wenn man nicht mit ihnen hantiert.
- *Sinnlich-anschauliches Denken (2–6 Jahre):* Am Ende der senso-motorischen Phase erwirbt das Kind die Fähigkeit, Objekte in Form von einfachen gestischen und sprachlichen Symbolen zu repräsentieren. Diese inneren Bilder sind so eindrucksvoll, dass das Denken gewissermaßen daran kleben bleibt. So können Dreijährige noch nicht verstehen, dass der Sichelmond derselbe Himmelskörper ist wie der Vollmond. Dafür sind die mentalen Abbilder „beider" Objekte zu verschieden. Darüber hinaus gelingt es den Kindern noch nicht, zwischen ihrer Sicht der Welt und möglichen anderen Perspektiven zu unterscheiden. Sie setzen ihre Betrachtungsweise schlicht mit der Realität in eins. Piaget spricht in diesem Zusammenhang von „Zentrierung" und „Egozentrismus".
- *Konkret-operationales Denken (7–11 Jahre):* In diesem Entwicklungsabschnitt setzt das begriffliche Denken ein und die Vorstellungsaktivitäten werden strukturiert. Die Überzeugung, dass die gleiche Menge Flüssigkeit in einem schmalen Glas mehr ergibt als in einem breiten, wird aufgegeben, weil die Kinder nun über Begriffe – hier über den Begriff der Mengeninvarianz – verfügen. Mit Hilfe dieser be-

grifflichen Strukturen wird es ihnen erklärlich, warum Formveränderungen bei Substanzen in der Regel keine Auswirkungen auf das Gewicht oder Volumen haben.
- *Formale Operationen (ab 12 Jahren):* Etwa zeitgleich mit dem Beginn der Pubertät löst sich das Denken der Jugendlichen aus seinen konkreten Gegenstandsbindungen. Zusammenhänge können nun abstrakt betrachtet werden. Dadurch wird es möglich, auf der Grundlage umkehrbarer logischer Operationen, Hypothesen zu bilden und gedanklich verschiedene Situationsmodelle oder Handlungsalternativen durchzuspielen.

3. Kontroverse Sichtweisen: Welche theoretischen und praktischen Konsequenzen mit diesem Theoriemodell verbunden sind, lässt sich anhand eines kleinen Beispiels veranschaulichen: Nach Piaget stehen die Kinder in der Phase des sinnlich-anschaulichen Denkens bei allem, was sie tun, vollständig unter dem Eindruck ihrer subjektiven Vorstellungsbilder. So antworten Vorschulkinder auf die Frage, ob ein Junge, der nach einem kleinen Apfeldiebstahl auf der Flucht vor seinem Entdecker beim Überqueren einer morschen Brücke ins Wasser fällt, auch dann hineingefallen wäre, wenn er nicht gestohlen hätte, dass es einen direkten Zusammenhang zwischen beiden Ereignissen gibt (Piaget 1932, 301ff). Piaget erklärt das damit, dass diese Kinder noch nicht in der Lage sind, zwischen moralischen und physikalischen Gesetzmäßigkeiten zu unterscheiden. *Piagets Kritiker* halten ihm heute entgegen, dass bereits Fünfjährige mit nur geringen physikalischen Grundkenntnissen vergleichbare Probleme lösen könnten (Demetriou 2006). Denn nicht die Stufen ermöglichen und begrenzen die geistige Leistungsfähigkeit, sondern das jeweils vorhandene *bereichsspezifische Wissen*.

In der Praxis heißt das: Wenn es keine stufenabhängigen kognitiven Gesamtstrukturen gibt, ist die Entwicklung geistiger Fähigkeiten vor allem von den bereits erworbenen Fertigkeiten, dem Vorwissen sowie der Motivation, sich mit etwas intensiv zu beschäftigen, abhängig. Diese Auffassung hat unmittelbare Folgen für die Elementarpädagogik. Statt Kindern stadienspezifische, an ihrem Entwicklungsstand orientierte Lerngelegenheiten zu bieten, müsste man schon im vorschulischen Bereich lernstandsbezogene Bildungsangebote entwickeln und diese mit entsprechenden, die Lernfreude weckenden didaktischen Konzeptionen realisieren.

Die sozial-moralische Entwicklung

> **Kernaussage**
>
> Bei der sozial-moralischen Entwicklung geht es zwar auch um das kognitive Verstehen von sozialen Regeln, aber den Kern des inneren Regelbewusstseins bilden *moralische Ideale und Empfindungen* wie Schuld oder Scham. Moralisches „Wissen" allein verpflichtet zu gar nichts.

In der sozialisationstheoretischen Diskussion sind für den sozial-moralischen Bereich vor allem zwei Theorien einflussreich: die Theorie der Über-Ich-Bildung von Sigmund Freud und die Theorie der Entwicklung der moralischen Urteilskompetenz von Lawrence Kohlberg.

1. Die Moral des Über-Ichs: Wie Moralität entsteht und wirkt, hat vor allem *Sigmund Freud* (1856–1939) beschrieben. Maßgeblich für den Erwerb des sozialen Regelbewusstseins ist der normierende Einfluss der sozialen Bezugspersonen, insbesondere in der frühkindlichen Entwicklungsphase. Hier lernen die Kinder den gesellschaftlichen und moralischen Wert ihrer Handlungen anhand der Folgen kennen, die sie damit bewirken. Ihr Gewissen, das im Wesentlichen die Verbote und Regeln der sozialen Umwelt widerspiegelt, entsteht in konfliktgeladenen Auseinandersetzungen mit ihren Eltern (Freud 1923). Dabei werden erotische, auf Vater und Mutter bezogene Triebwünsche verdrängt und psychische Ideale aufgerichtet.

> **Definition**
>
> Nach Freud übernimmt das Über-Ich zugleich mehrere moralische Funktionen: Es ist zuständig für die billigende oder abweisende Bewertung von Absichten, Ansprüchen, Wünschen und Handlungen, für die Kontrolle normgerechten sozialen Verhaltens, für die im Handeln stets mitlaufende Beobachtung des eigenen Selbst sowie für die Einhaltung von Prinzipien der Gerechtigkeit, die es nach Maßgabe seiner eigenen ethischen Ideale beurteilt.

Während eine gelungene *Über-Ich-Bildung* die Voraussetzung für autonomes Handeln ist, wirken sich Beeinträchtigungen nach zwei Seiten aus. Bei einem *schwachen Über-Ich* fehlen dem Handelnden die sozialen Korrektive. Ein *strenges Über-Ich* hingegen tendiert zur Unnachgiebigkeit gegenüber sich selbst und anderen. Im Extremfall scheut es auch nicht vor Integritäts- und Rechtsverletzungen zurück. So handeln beispielsweise viele Terroristen in dem tiefen Gefühl der Überzeugung, dass ihre Über-Ich-Ideale, also ihre Vorstellungen von einer gerechteren Welt, Mord aus politischen Gründen legitimieren. Dass sie damit selbst gegen elementare Grundrechte verstoßen, ist ihnen nicht mehr einsichtig.

2. Moralische Urteilskompetenz: Anders als Freud, den die psychodynamischen Aspekte der Moralität interessierten, beschäftigte sich der amerikanische Entwicklungspsychologe *Lawrence Kohlberg* (1927–1987) mit Fragen der Entwicklung des moralischen Denkens von Kindern, Jugendlichen und Erwachsenen. In einem für seine Herangehensweise typischen Fallbeispiel geht es um Sterbehilfe: Eine krebskranke Frau ohne Aussicht auf Heilungserfolg weiß, dass sie nur noch etwa sechs Monate zu leben hat. Weil ihre Schmerzen so extrem geworden sind, bittet sie ihren Arzt um aktive Sterbehilfe. Diesem ist klar, dass diese gesetzlich verboten ist. Dennoch überlegt er sich, was er tun soll (Kohlberg 1996). Von seinen Interviewpartnern möchte Kohlberg wissen, wie sie diese Situation beurteilen. Dabei interessieren ihn weniger die Entscheidungen als vielmehr die moralischen Argumentationen, mit denen die Antworten begründet werden. Denn nach seiner Auffassung bilden die Gerechtigkeitsvorstellungen das Grundgerüst jeder Moral. Betrach-

Tabelle 4: Stufen des moralischen Urteils

Stadium	Inhalt	Begründungslogik
Präkonventionelle Stufe		
1. Heteronomie	Furcht vor Strafe	Autoritätshörigkeit
2. Austausch	Interessen	Kosten-Nutzen
Konventionelle Stufe		
3. Soziale Normen	Goldene Regel	Ehre
4. Soziales System	Gesetze	Pflicht
Postkonventionelle Stufe		
5. Sozialvertrag	Universalität	Legitimität
6. Prinzipien	Leben	Menschenrechte

tet man die moralischen Begründungen genauer, lassen sich bestimmte Regelmäßigkeiten erkennen. Kohlberg ist der Überzeugung, dass auch die sozial-moralische Entwicklung in Stufen erfolgt, wobei das moralische Denken auf den von Piaget beschriebenen kognitiven Strukturen und Operationen aufbaut. Nach Kohlberg lassen sich drei Hauptniveaustufen unterscheiden, die er – wie Tabelle 4 zeigt – in jeweils zwei Unterstufen untergliederte.

- Auf der *präkonventionellen Stufe* orientieren sich die Heranwachsenden zunächst nur an „Autoritäten" und an Kriterien der „Sanktionsvermeidung". Erst allmählich entsteht das Bewusstsein, dass auch die anderen Handlungspartner berechtigte Interessen haben. In der moralischen Bewertung werden praktische Kosten-Nutzen-Erwägungen und der Appell an die gegenseitige Fairness wichtig. Während Erwachsene in ihrer Argumentation durchaus auf diese Stufe zurückfallen können, ist ein Überspringen der nächstfolgenden Stadien im Entwicklungsprozess nicht möglich.
- Auf der *konventionellen Stufe* werden Regeln als gemeinschaftliche Normen anerkannt. Zunächst bilden dabei die Normen der sozialen Gruppen, in die man integriert ist, das zentrale Bezugssystem. Die Einzelnen suchen nach einer „goldenen Regel" und betrachten Ehrenkodizes, beispielsweise spezielle Verhaltensnormen von Peergruppen, als verbindlich. Im Jugendalter spielt dann zunehmend die soziale Systemperspektive eine wichtige Rolle. Regeln erscheinen nun in der Form von Rechten und Pflichten. Dabei lauert die Gefahr der Verabsolutierung oder autoritären Überhöhung von Ordnungsvorstellungen.
- Auf der *postkonventionellen Stufe* basiert die Zustimmung zu Normen auf der Anerkennung moralischer Prinzipien, die bei Wertkonflikten immer als höherstehend gelten. Ein moralisch autonom handlungsfähiges Subjekt hat die universalen Maximen offener Gesellschaften verinnerlicht und wendet diese in selbstreflexiver Haltung auf alle sozialen Lebensformen an. Allerdings wird die postkonventionelle Stufe längst nicht von allen Erwachsenen erreicht.

Kernaussage

Sozialisationstheoretisch ist die postkonventionelle Stufe deshalb so bedeutsam, weil man über die Bezugnahme auf Prinzipien erklären kann, warum Vergesellschaftung trotz der überall wirksamen normativen Anpassungszwänge *Subjektautonomie* ermöglicht. Indem die Einzelnen nämlich soziale Verhaltenserwartungen anhand verallgemeinerbarer Grundsätze auf ihre Legitimität befragen, werden ihnen die Vorzüge und Beschränkungen ihrer kulturellen und sozialen Lebensformen bewusst. Damit sind sie in der Lage, geltende *Normen* aus praktischen Vernunftgründen zu *verteidigen* oder zu *kritisieren*.

3. Exkurs – Männliche oder weibliche Moral?: Ende der 1970er Jahre veröffentlichte die Kohlberg-Schülerin *Carol Gilligan* eine Studie, in der sie die These vertrat, dass das Gerechtigkeitskonzept in der Kohlbergschen Theorie einseitig sei und andere, gleichrangige Wertprinzipien wie soziale Verantwortung und Anteilnahme nur eine untergeordnete Rolle spielen würden. Dies sei auch der Grund, warum die speziellen moralischen Qualitäten von Frauen – genauer: „ihre Fürsorge für andere und ihre Einfühlsamkeit" (Gilligan 1991, 29) – auf der Kohlberg-Skala als wohlmeinende Hilfebereitschaften klassifiziert und lediglich als einfache konventionelle Fähigkeiten (Stufe 2, Stadium 3) Berücksichtigung finden würden. Daraufhin nahm eine bis heute aufschlussreiche Debatte über den Eigenwert der weiblichen Moral ihren Anfang (Nunner-Winkler 1995). Im Kern ging es darum, mit dem Vorurteil aufzuräumen, dass die moralische Reflexionskompetenz von Frauen weniger entwicklungsfähig sei als die der Männer.

Die emotionale Entwicklung

Bei der emotionalen Entwicklung interessiert aus sozialisationstheoretischer Sicht vor allem die *Entstehung und Veränderung von persönlichen Bindungen*, obwohl das Spektrum der Emotionen selbstverständlich vielschichtiger ist. Bindungen schaffen Vertrauen, Sicherheit und Solidarität. Diese Gefühlshaltungen regulieren das individuelle und soziale Verhalten. Sie beeinflussen auch die Lerntätigkeit. Gegenwärtig erlebt die von *John Bowlby* (1975) und *Mary Ainsworth* (1979) inspirierte Bindungsforschung einen bemerkenswerten Aufschwung (Spangler / Zimmermann 1995, Hopf 2005).

1. Soziales Bindungsverhalten: Bindungstheoretiker gehen davon aus, dass schon Neugeborene ein intensives Bedürfnis nach Nähe, Schutz und Zuwendung verspüren. Dabei signalisieren sie mit ihrem Verhalten – ohne bewusste Absicht –, dass sie an der Interaktion mit ihren Bezugspersonen interessiert sind. Sie reagieren auf die Stimmen der Eltern, sie wirken entspannt, wenn sie geschaukelt werden oder sie reagieren abweisend, wenn ihnen bestimmte Kontakte missfallen. Für die Entwicklung und Festigung der dabei entstehenden Bindungen sind vor allem die Interaktionen mit den primären Bezugspersonen maßgeblich. Nach Bowlby lassen sich mehrere Etappen in der frühen Bindungsentwicklung unterscheiden. In der *Vorbindungsphase* (0–2 Monate) geht es primär um eine soziale Kontaktaufnahme. Erste, auf die Bezugspersonen bezogene Reaktionsunterschiede lassen sich etwa ab der 6. Woche beobachten. Die Säuglinge bekräftigen in dieser Phase des *Bindungsbeginns* (2–7 Monate) mit zarten Anzeichen von erwiderter Zuwendung das soziale Bindungsverhaltenssystem, das sich zwischen ihnen und ihren Bezugspersonen aufbaut. Die eigentliche *Entstehungsphase* der Bindung (8–18 Monate) beginnt zur selben Zeit, in der nach Piaget Kinder entdecken, dass die „Objekte" in ihrer Umwelt auch losgelöst von ihren Aktivitäten existieren. Die Kinder reagieren nun mit Trennungsangst, wenn ihre Bezugspersonen aus ihrem Gesichtskreis verschwinden. Mit der *Integration* der unterschiedlichen Bindungserfahrungen (19–24 Monate) stabilisiert sich das Bindungssystem und wird danach zunehmend auch auf der Vorstellungsebene verfügbar.

2. Bindungsmuster: Die sich in den ersten Lebensjahren festigenden Bindungen lassen sich mit ihren Ausprägungen in zwei Klassen aufteilen.

> **Definition**
>
> **Auf der einen Seite steht der Typus der *sicheren Bindung*, dem ein aktives Umwelt-Explorationsverhalten entspricht, weil der Säugling intuitiv fühlt, dass er sich auf seine Bezugspersonen verlassen kann. Auf der anderen Seite stehen die verschiedenen Formen der *unsicheren Bindungen*, welche die Explorationstätigkeit der Kleinkinder in spezifischer Weise einschränken.**

Die kanadische Entwicklungspsychologin Mary Ainsworth schuf mit dem sogenannten „Fremde-Situations-Test" ein Verfahren, das es ermöglicht, verschiedene Bindungsverhaltensmuster zu erkennen. Ihre Typologie wurde inzwischen weiterentwickelt. Gegenwärtig unterscheidet man vier Grundmuster.

- *Sicher gebundene* Kinder erkunden die Umgebung, weil sie das Gefühl haben, im Bedarfsfall in einen „sicheren Hafen" zurückkehren zu können. Dementsprechend suchen sie bei Irritationen die Nähe ihrer Bezugspersonen. Allem Anschein zum Trotz können beispielsweise Kindergartenkinder, die in der Eingewöhnungszeit wiederholt weinen, wenn ihre Bezugsperson weggeht, durchaus eine sichere Bindung haben.

- *Unsicher-vermeidend* gebundene Kinder suchen zwar auch die Nähe zu ihren Bezugspersonen, gleichzeitig aber halten sie dabei immer eine bestimmte Distanz, um sich gewissermaßen präventiv vor Zurückweisungen zu schützen. Solche Kinder erscheinen auf den ersten Blick sehr gefestigt, weil sie auf Trennungssituationen kaum reagieren. Tatsächlich verbirgt sich hinter ihrer „Coolness" jedoch zumeist die Furcht, abgewiesen zu werden.
- *Unsicher-ambivalent* gebundene Kinder schwanken zwischen Distanz und Nähe. Sie versuchen jedoch nicht, den Kontakt zu ihren Bezugspersonen zu vermeiden, sondern zeigen, im Gegenteil, bei Annäherung einen übersteigerten Emotionsausdruck.
- Kinder mit einer *desorganisierten Bindung* zeigen sehr widersprüchliche und inkohärente Verhaltensweisen. In der Regel wird dieses Bindungsmuster nicht isoliert, sondern zusammen mit einer unsicheren Bindungsform beobachtet.

Sozialisationstheoretisch interessant ist die These, dass sich diese frühen Bindungsmuster im Sozialisationsprozess verändern können und deshalb nur einen bedingten Vorhersagewert für den späteren Entwicklungsverlauf haben.

> **Kernaussage**
>
> **Spätestens mit der Fähigkeit, sich die eigenen Bindungsbedürfnisse reflexiv zu vergegenwärtigen, sind Jugendliche und Erwachsene in der Lage, an ihren Bindungseinstellungen und -bedürfnissen zu arbeiten (Gloger-Tippelt 2003). Vor allem aber können kritische Lebensereignisse zu erheblichen Modifikationen führen.**

Die motivationale Entwicklung

Die *emotionale Entwicklung* basiert auf dem allgemein menschlichen Bedürfnis nach sozialem Austausch. Die dabei entstehenden Bindungen werden durch die sozialen Erfahrungen von Geborgenheit, Anerkennung und Zugehörigkeit stabilisiert und bekräftigt. Der Antrieb zur *kognitiven Entwicklung* resultiert aus der Notwendigkeit, das Verhalten auf die Umweltgegebenheiten abzustimmen. Die sich hierbei bildenden Begriffe und Kompetenzen müssen sich im praktischen Handeln bewähren. Die *sozial-moralische* Entwicklung schließlich wird durch die aus der gesellschaftlichen Kooperation hervorgehenden Handlungskoordinationszwänge motiviert. In offenen Gesellschaften gilt Selbstbestimmung als ein übergeordnetes moralisches Entwicklungsziel. Aus dieser Perspektive erscheinen die motivationalen Triebkräfte, die der emotionalen, kognitiven und sozial-moralischen Entwicklung zugrunde liegen, als lebenswichtige *Elementarbedürfnisse*.

> **Kernaussage**
>
> **Menschen streben nach sozialer Verbundenheit, Kompetenz und Eigenständigkeit.**

1. Bedürfnisse und Motive: Das Streben nach *sozialer Verbundenheit, Kompetenz und Eigenständigkeit* wird im Sozialisationsprozess vom ersten Lebenstag an in soziale und kulturelle Bahnen gelenkt. Indem die Bezugspersonen die kindlichen Bedürfnisse nach lebensweltlichen Normen belohnen und sanktionieren, entstehen aus diffusen Bedürfnis- und Triebstrebungen eigenständige Motive.

> **Kernaussage**
>
> **Als Auslöser zielgerichteter Aktivitäten sind Motive integrale und zeitstabile Bestandteile des psychischen Systems einer Person.**

Aus sozialisationstheoretischer Sicht geht es nun darum, zu erklären, wie die sozialen Verhaltensstandards, „die an eine Person herangetragen werden, von ihr so verinnerlicht werden" (Schneewind 2004, 122), dass sie als eigene persönliche Motive erscheinen. Der amerikanische Sozialisationstheoretiker Talcott Parsons sprach in diesem Zusammenhang von „Internalisierung" (Parsons 1977).

2. Internalisierung: Als psychische Energie und Bereitschaft, ein gesetztes Ziel zu erreichen, kann Motivation durch *externe Reize und Anreize* angestachelt oder verringert, durch *Belohnungen und Strafen* bekräftigt oder geschwächt, durch *Zwang und Kontrolle* bewirkt oder gehemmt, und eben auch durch *verinnerlichte Motive* hervorgerufen oder gelähmt werden. Die Motivationspsychologen *Edward L. Deci* und

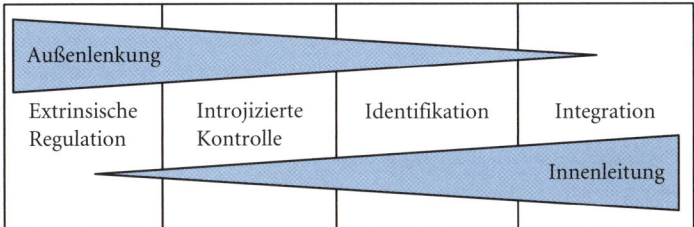

Abbildung 6: Stufen der Verinnerlichung

Richard M. Ryan haben, wie in Abbildung 6 dargestellt, eine Typologie entwickelt, mit deren Hilfe es möglich ist, den Grad der Verinnerlichung von Handlungsmotiven zu bestimmen.

Bei hoher Außenlenkung des Verhaltens sprechen sie von einer *extrinsischen* Regulation (Deci / Ryan 2000). Bei der Handlungssteuerung durch *introjizierte* Motive lassen sich die Einzelnen von sozialen Normen und Zielsetzungen leiten. Zugleich orientieren sie sich an den erwartbaren äußeren Folgen ihres Handelns. Bei der *Identifikation* haben sich die Handelnden die Ansprüche ihrer Umwelt zueigen gemacht. *Integration* schließlich beschreibt den Zustand, in dem Personen die Synthese zwischen gesellschaftlichen Normen und individuellen Prinzipien gelingt.

3. Selbstbestimmung: Erst diese Form der integrierten Willensbildung ermöglicht Selbstbestimmung im eigentlichen Sinn. Selbstbestimmung allerdings ist an historische Bedingungen geknüpft. Das heißt, die formalen Ansprüche, die sich mit dem Streben nach kognitiver, emotionaler und moralischer Unabhängigkeit verbinden, werden immer durch die Gesellschaft inhaltlich gefüllt, in der die Menschen im Laufe des Sozialisationsprozesses die entsprechenden Motive verinnerlichen (siehe Kapitel 1).

Kernaussage

Die Grundbedürfnisse nach Kompetenzerleben, sozialer Verbundenheit und individueller Autonomie artikulieren sich in den einzelnen biografischen Lebensabschnitten in unterschiedlicher Weise: in der frühen Kindheit als Streben nach Unabhängigkeit, im Jugendalter als Suche nach sozialer Anerkennung, im Erwachsenenalter als Wunsch nach Selbstverwirklichung und Integrität.

Die sprachliche Entwicklung

Die Sozialität des Menschen zeigt sich in besonderer Weise beim Erwerb der Sprachfähigkeit. Dass Menschen sprechen, ist biologisch vorgesehen, aber die Art und Weise, wie sie miteinander kommunizieren, ist an soziale Spracherfahrungen und kulturelle Sprachsysteme gebunden.

1. Kommunikative Kompetenz: Im kommunikativen Austausch mit ihren Bezugspersonen kommen Säuglinge auch mit Gegenständen und Symbolen in Berührung. Dabei lernen und entdecken sie, wie die anderen mit Sprache handeln – also Dinge bezeichnen, Sachverhalte darstellen, etwas mitteilen, Anweisungen geben und ihre eigenen Erlebnisse zum Ausdruck bringen. Nach neueren Erkenntnissen beginnt der Sprachlernprozess bereits im Mutterleib, denn schon nach der Geburt zeigen Neugeborene ein besonderes Interesse an muttersprachlichen Lautfolgen. In den ersten Lebensmonaten stehen die Kommunikationspraktiken zwischen Eltern und ihren Kindern ganz im Zeichen der wechselseitigen Versuche, ihre Beziehungen zu strukturieren und soziale Bindungen aufzubauen. Silbenfolgen wie „Da-da-da" oder „Dei-dei-dei", die hierzulande fast jedem erwachsenen Menschen beim Anblick eines Säuglings über die Lippen kommen, sind Teil von kommunikativen Handlungen, die von den Bezugspersonen intuitiv initiiert werden. Vor allem die *mütterlichen Sprechweisen*, die in diesem Zusammenhang besonders untersucht wurden (Papousek/Papousek 2003), lassen erkennen, dass die Bezugspersonen im ersten Lebensjahr deutlich höher intonieren und ihr Sprechen stärker rhythmisieren – und zwar nicht nur beim Singen von Kinderliedern. Ohne ausdrücklich etwas über die kindliche Sprachentwicklung zu wissen, unterstützen die Eltern damit die Ausbildung der Sprachrhythmik (Prosodie) und der linguistischen Fähigkeiten.

2. Kommunikatives Handeln: Nach etwa einem Jahr werden die ersten Wörter gesprochen. Aus diesen bildet sich ein erster lexikalischer Grundstock. In der Literatur wird sehr häufig von der „50-Wort-Grenze" gesprochen (Grimm/Weinert 2002). Diese wird unter normalen Umständen spätestens am Ende des zweiten Lebensjahres erreicht. Danach erweitert sich der Wortumfang erheblich. Die Kinder beginnen sich in Zwei- und Dreiwortsätzen auszudrücken. Im 5. Lebensjahr entwickeln sie die Fähigkeit, über die Sprache selbst nachzudenken. Wörter und Namen werden durch Wiederholungen verfremdet und Doppelbedeutungen entdeckt. Vorschulkinder wundern sich beispielsweise, warum die Basaraktion in ihrer Kita „Trödelmarkt" heißt, denn was „trödeln" bedeutet, wissen sie inzwischen sehr genau. Während sich das Sprachsystem weiter differenziert, gewinnt die kommunikative Handlungsfähigkeit in Verbindung mit den kognitiven, moralischen und emotionalen Funktionen eine neue Qualität. Die Heranwachsenden beginnen zu verstehen, dass ihnen die Sprache die Möglichkeit bietet, Sachverhalte in differenzierter Weise darzustellen, normative Absprachen zu treffen und ihre eigenen subjektiven Ansichten zum Ausdruck zu bringen.

> **Kernaussage**
>
> Mit dem Beginn des Jugendalters ist die Sprachfähigkeit in ihren linguistischen Kernstrukturen ausgearbeitet. Zweit- oder Fremdsprachen werden nun nicht mehr einfach im praktischen Mitvollzug erworben. Den Einzelnen ist nun klar, dass „Dinge", die gesagt sind, auch bestritten werden können.

Die im „kommunikativen Handeln" angelegten Möglichkeiten der Verständigung entfalten ihr vernünftiges Potential aber erst in der argumentativen Rede (Habermas 1981). Im „Diskurs" kann die Wahrheit von Aussagen, die Richtigkeit von Normen, die Angemessenheit von Werten, die Wahrhaftigkeit von Selbstdarstellungen, aber auch die Verständlichkeit von Äußerungen auf ihren jeweiligen Gehalt geprüft werden.

Die Entwicklung des Selbst

Alle diese im Zusammenhang mit den verschiedenen Entwicklungsdimensionen dargestellten Kompetenzen und Funktionen bilden die Grundlage der individuellen Handlungsfähigkeit. Hinter jeder Handlung aber steht das *Ich* als Ausgangspunkt und Zentrum willentlich gesteuerter Aktivitäten.

1. Identität: Dieses Ich bildet und entwickelt sich im Sozialisationsprozess. Dabei erwirbt es in der Auseinandersetzung mit anderen die Fähigkeit, sich von diesen als eigenständige Person zu unterscheiden. Diese Kompetenz findet im *Selbst* – in der soziologischen Theorietradition ist in diesem Kontext von *Identität* die Rede (Krappmann 2005) – ihre psychische Form. Dem Selbst kommt die Aufgabe zu, alle Handlungen im Hinblick auf die Wahrung biografischer Kontinuität und sozialer Kohärenz zu bewerten. *Biografische Kontinuität* bedeutet dabei nicht, „dass im Leben eines Menschen alles gleich bleibt oder dieser selbst sich niemals ändert", sondern vielmehr, „dass Veränderungen als Bestandteil eines sinnhaft strukturierten Lebenszusammenhangs begriffen werden können" (Straub 2000, 283), und zwar auch, wenn das, was passiert, so nicht geplant war oder einem widerfährt. In gleicher Weise beinhaltet der Begriff der *sozialen Kohärenz* die Vorstellung einer Integration der eigenen moralischen Werthaltungen und ästhetischen Überzeugungen (Straub 2000 284), jedoch keinesfalls die Einstellung, mit festen Meinungen und Grundsätzen in allen Lebenslagen und Kontexten aufwarten zu müssen.

2. Selbstentwicklung: Darüber, wie sich das Selbst entwickelt, gibt es zahlreiche Theorien und Konzepte (Greve 2000). Angenommen wird zumeist, dass es sich in einem mehrstufigen Entwicklungsprozess herausbildet und dabei die Umgangserfahrungen mit den sozialen Bezugspersonen maßgeblich das eigene *Selbstbild* und den eigenen *Selbstwert* bestimmen. Hierbei spielt auch der eigene Körper eine zentrale Rolle, denn mit dem Körper, dessen Aussehen und Verhalten die anderen zu Gesicht bekommen, handelt man. Als wesentliche Schritte in der Selbstentwicklung gelten in den ersten Lebensjahren der Aufbau eines grundlegenden *Vertrauens* und die ersten Erfahrungen des *Selbstständigseins* (Erikson 1997). Im weiteren Entwicklungsverlauf wirken die Übernahme der *Altersrollen* und der Erwerb der *Geschlechtsrolle* identitätsbildend. In der Regel wird angenommen, dass bereits Fünfjährige über eine entsprechende, „mit dem eigenen Körperbild integrierte Rollenidentität" empfinden (Habermas 1976, 25). Diese *Rollenidentität* wird dann im weiteren Entwicklungsverlauf durch die Einbindung in unterschiedliche soziale Gruppen und Organisationen immer differenzierter. Die größte Herausforderung beginnt mit der Pubertät. In der Jugendphase geht es nämlich darum, auf der Grundlage eines noch sehr instabilen personalen Identitätsbewusstseins ein gefestigtes Selbst zu entwickeln. Dabei sind die sozialen Bezugsgruppen besonders bedeutsam. Die gleichzeitig zunehmende Reflexivität kann sowohl zur Stabilisierung als auch zur Verunsicherung des Selbst beitragen. Tatsächlich hängt es vom *Konsolidierungsgrad des Selbst* ab, wie die Herausforderungen des Erwachsenenlebens – und dazu gehören neben den sozialen und psychischen Veränderungen auch ganz wesentlich die körperlichen Entwicklungen – bewältigt werden.

Literatur

Damon, W., Lerner, R. M., Eisenberg, N. (Hrsg.) (2006): Handbook of child psychology. Volume 3: Social, Emotional, and Personality Development.
Dieses amerikanische Standardhandbuch gibt einen grundlegenden Überblick über den Forschungstand zur kognitiven, sozialen, emotionalen und sprachlichen Entwicklung.

Oerter, R., Montada, L. (Hrsg.) (2002): Entwicklungspsychologie.
Das bewährte Lehrbuch orientiert sich am Konzept der Lebensspanne und thematisiert in 38 Einzelbeiträgen die unterschiedlichen Dimensionen von Entwicklung.

http://www.ewi-psy.fu-berlin.de/einrichtungen/serviceeinrichtungen/testzentrale/
Auf der Homepage der am Fachbereich Erziehungswissenschaft und Psychologie der Freien Universität Berlin eingerichteten Testzentrale werden über 500 gängige klinische und nicht klinische Verfahren zur Feststellung von Persönlichkeitsmerkmalen, zur Diagnose von Entwicklungs- und Lernständen sowie zur Intelligenz- und Leistungsmessung dokumentiert. Die Testverfahren sind nicht online abrufbar. Gleichwohl ist der Informationswert der einsehbaren Bestandsliste sehr hoch.

Was ist denn schon „normal"?

In einer Gesellschaft, in der es eine Vielzahl von unterschiedlichen Lebensstilen und Kulturgemeinschaften gibt, ist es durchaus „normal", dass man soziale Rollen nicht mehr einfach übernimmt. Der Zwang besteht vielmehr darin, den anderen mit seinen Tätigkeiten klar zu machen, wer man ist, wie man „die Welt" sieht und was man von ihnen erwartet.

> **Kernaussage**
>
> **Normalität ist keine feststehende Voraussetzung des Handelns, sondern das Resultat von Aushandlungsprozessen.**

Zur Diskussion stehen dabei auch, wie im Folgenden exemplarisch gezeigt werden soll, die Lebensentwürfe und Aufgabenteilungen, die mit den modernen Alters- und Geschlechtsrollen verbunden waren. Sodann wird erläutert, warum sich Menschen mit Migrationshintergrund nahezu permanent mit Normalitätsfragen konfrontiert sehen. Und schließlich wird dargestellt, wie abweichendes Verhalten entstehen und in Risikoverhalten übergehen kann.

Forever young?

In den Jahrzehnten zwischen Pubertät und Greisenalter wollen heutzutage alle jung sein. Abstufungen oder Übergangsnormen scheint es nicht mehr zu geben. Jeder interpretiert sein Lebensalter auf der Grundlage seiner eigenen biografischen Vorstellungen.

1. Wandel der Altersphasen: Zwar ist das Älterwerden ein irreversibler natürlicher Prozess, aber die Altersphasen des Lebenslaufes werden durch gesellschaftliche Altersrollen normiert. Die *Kindheit* beispielsweise als pädagogisch definierter Schonraum für Heranwachsende wäre ohne die Ausbreitung der bürgerlichen Kleinfamilie und die Durchsetzung von Kinderschutzrechten nicht denkbar gewesen. Ganz ähnlich verhält es sich mit der *Jugendzeit*, die erst durch die moderne Schule und die Verlängerung der Ausbildungszeiten ein eigenes Profil gewinnt (Honig 1999). Im Selbstverständnis moderner Gesellschaften dienen beide Lebensabschnitte der Vorbereitung auf das *Erwachsenenleben*. Dieses erhält seine Konturen durch die Berufsarbeit und die Elternschaft. Die Phase danach, das *Alter*, wird folgerichtig als Ruhestand definiert.

Genau diese linear gedachte Stufung des Lebenszyklus wird gegenwärtig jedoch durch die Dynamisierung und Flexibilisierung der Arbeitsmärkte immer stärker in Frage gestellt. Auf der einen Seite werden die *Erwerbsbiografien* durch Zeitverträge *entsichert*. Aus identitätsbildenden „Berufen" sind in vielen Branchen „Jobs" geworden. Auf der anderen Seite haben sich die Bedingungen der Familiengründung verändert. Die Ehe, das zweite Fundament der klassischen Normalbiografie, wird als *Partnerschaft mit Ausstiegsklausel* wahrgenommen. Beides hat Rückwirkungen auf die Lebensplanung. Wenn nämlich mit dem Einstieg in das Berufs- oder Familienleben keine Dauerperspektiven verbunden sind und die *Übergänge* dadurch gleitend und reversibel werden, dann erscheint die Vorstellung, dass man auf dem individuellen Lebensweg kontinuierlich fortschreitet oder gar reifer wird, nicht mehr erfahrungsadäquat. Man muss vielmehr über die Lebensspanne hinweg flexibel und veränderungsfähig bleiben.

> **Kernaussage**
>
> **So gesehen ist der Wunsch, immer jung zu sein, eine kulturell anerkannte Reaktionsbildung auf die Notwendigkeit, mit gesellschaftlichen Flexibilitätszwängen und Unsicherheiten leben zu müssen.**

2. Biografisierung des Lebenslaufs: Zwar gibt es durchaus noch Altersnormen, aber die damit verbundenen Rollen haben in erster Linie einen Orientierungswert. Immer wieder müssen die Einzelnen sich neu positionieren und „Identitätsarbeit" (Keupp / Höfer 1997) leisten. Ihre gesamte Lebensgeschichte wird zu einem kontinuierlichen Fortsetzungsprojekt, wobei die eigenen Interessen und Erlebnispräferenzen zur Richtschnur der individuellen Lebensgestaltung werden (Schulze 1992). Auf diese Weise wird der Sozialisationsprozess *reflexiv* (Veith 2002).

> **Kernaussage**
>
> Aus der Sicht der Handelnden erscheint die Gesellschaft weniger als eine normierende Kontrollinstanz, sondern vielmehr als Umwelt, die Gelegenheiten zum individuellen „Biografiebasteln" bietet oder vorenthält (Hitzler / Honer 1994).

Männlich – weiblich?

Wie die Altersrollen sind auch die Geschlechterrollen zum Gegenstand von Aushandlungsprozessen und von Selbstinszenierungen geworden. Im Zentrum stehen dabei die sozialen Geschlechterordnungen und der eigene Körper.

1. Geschlechtstypische Symbolisierungen: In der Diskussion um die „Sozialisation der Geschlechter" ist in den letzten Jahren sehr deutlich herausgearbeitet worden, dass sich durch die gesellschaftliche Aufweichung der traditionellen Geschlechterordnung der Erwerb der Frauen- und Männerrollen nicht mehr durch die bloße Übernahme geschlechtsspezifischer Normen erklären lässt (Bilden / Dausien 2006). Tatsächlich erfordert die Entwicklung der Geschlechtsidentität in zunehmendem Maße *individuelle Interpretations- und Darstellungsleistungen*. Aufbauend auf ihren frühkindlichen Geschlechtervorstellungen beginnen die Heranwachsenden heute schon vor der Pubertät mit der Stilisierung von männlichen und weiblichen Verhaltensweisen. Dabei spielen ihre Medienerfahrungen eine wichtige Rolle. Mit den einsetzenden pubertären Veränderungen sind häufig große Irritationen verbunden. Mit Phantasiebildern von Schönheit und Unabhängigkeit im Kopf und auf der Festplatte versuchen die Jugendlichen, ihren sexuellen und psychischen Reifestand mit betont körperbezogenen Praktiken zu pointieren (Fend 2003). Dabei gibt es bei beiden Geschlechtern Früh- und Spätentwickler. Da die Mädchen insgesamt weiter sind, interessieren sie sich in der Schule in der Regel für ältere Jungs aus höheren Klassen. Ihre Mitschüler erfahren dies als Zurücksetzung, die sie jedoch mit männlichkeitsbezogenen Inszenierungen überspielen. Die Peers stellen die wichtigste Bezugsgruppe zur Selbstverständigung über männliche und weibliche Verhaltensmuster und Rollen.

2. Geschlechterverhältnisse: Die Aussicht auf ein Leben in technisierten Haushalten mit Treue- und Fürsorgepflichten erscheint für viele

Frauen heute inakzeptabel. Dies umso mehr, als bekannt ist, dass die Entscheidung für die Familie in der Praxis zur Folge hat, dass sich auch dort, wo vor der Geburt des ersten Kindes ein partnerschaftliches Arrangement bei der Aufteilung beruflicher und häuslicher Aufgaben gefunden wurde, sehr bald die altbekannten komplementären Rollenmuster einspielen. Konflikte sind dann wahrscheinlich, wenn die zusätzlichen Aufgaben, die aus der Erziehungsverantwortung resultieren, als unausgewogen verteilt wahrgenommen werden und einer der Partner das Gefühl entwickelt, dass das Familienleben zu Lasten seiner individuellen Lebenspläne und Anerkennungswünsche geht. Normalität ist unter diesen Bedingungen keine selbstverständliche Handlungsvoraussetzung, sondern ein praktischer Kompromiss, der nicht immer einvernehmlich gefunden wird. Tatsächlich stehen heute beide Geschlechter unter *Individualisierungsdruck*, und es scheint so, als ob die heranwachsenden Jungen damit schlechter zurechtkommen als die Mädchen. Erklärungsansätze hierzu gibt es viele, wobei die Gender-Debatte einen theoretisch anspruchsvollen und zugleich erfahrungsnahen Einstieg in den Sozialisationsdiskurs eröffnet (Becker-Schmidt/Knapp 2003).

Die „Fremden"

In Deutschland lebten im Jahr 2005 ungefähr 6,8 Millionen Menschen ohne deutsche Staatsbürgerschaft, das sind knapp 8,2 % der Gesamtbevölkerung (Statistisches Bundesamt 2006). Mehr als die Hälfte der Zuwanderer wohnt bereits länger als zehn Jahre im Land. Von einem Migrationshintergrund wird auch gesprochen, wenn Personen eingebürgert wurden, beziehungsweise in Deutschland geborene Kinder zugewanderte Elternteile haben. Sehr häufig weisen sichtbare körperliche Merkmale wie die Haut- und Haarfarbe auf den *Migrationshintergrund* einer Person hin. Migranten sehen sich deshalb immer wieder mit Fremdzuschreibungen und kulturellen Stereotypen konfrontiert, die ihre Sozialisationssituation nachhaltig beeinflussen. Dieses lässt sich besonders anschaulich an der Kommunikation von Einheimischen und Zuwanderern illustrieren.

1. Interkulturelle Alltagskommunikation: Dass Menschen sich wechselseitig bestimmte Eigenschaften zuschreiben, ist normal. Man stützt sich auf seine Erfahrungen und konstruiert auf der Grundlage von wenigen Informationen ein Typenschema. Bei der interkulturellen Kommunikation werden dabei bestimmte körperliche Merkmale oder auffallende Verhaltensweisen zum Ausgangspunkt für *kulturelle Stereotypisierungen* (Auernheimer 2003, 107). Solche „Klischees" und „Vorurteile" erweisen sich im Alltagshandeln als besonders wirkmächtig, weil sie die Unsicherheiten und Irritationen reduzieren, die in der sozialen Handlungspraxis durch die vermeintlich fehlenden lebensweltlichen Gemeinsamkeiten entstehen.

Wie das funktioniert, zeigt die folgende kleine Anekdote: Ein Mann sucht in Berlin-Kreuzberg einen Einkaufsmarkt. Da er mit seinem Wagen unterwegs ist, hält er an einer Kreuzung und fragt einen Fußgänger mit erkennbar türkischem Migrationshintergrund: „Wo geht's denn hier *nach* ALDI?". Der Passant antwortet prompt, „zu ALDI", worauf der Autofahrer hektisch erwidert: „Warum? Es ist doch erst halb sieben!". Selbst wenn der Autofahrer erstaunt bemerkt hätte: „Sie sprechen aber gut deutsch", würde sich die Situation wenig ändern, denn es gibt hier keinen naheliegenden Grund, die Sprachkenntnisse des anderen zu kommentieren. Tatsächlich ist es ein Fauxpas, der im interkulturellen Kontext sofort als arrogante Überheblichkeit eines Vertreters der Mehrheitsgesellschaft wahrgenommen wird.

2. Soziale Integration: Diese Geschichte zeigt deutlich, wie leicht alltägliche Verhaltensweisen unter Migrationsbedingungen zur Quelle von Fremdheitserfahrungen werden können. Was „normal" ist, hängt ganz offenbar von den Bewertungsschemata der jeweiligen kulturellen Bezugsgruppen ab. Hier spielen neben dem Rechtsstatus der jeweiligen Migrantengruppen die Formen der Wertschätzung von Herkunftskulturen und ethnischen Gemeinden in der Aufnahmegesellschaft eine wichtige Rolle. In Anlehnung an Hartmut Esser (2001) lassen sich vier Formen der Sozialintegration von Migranten unterscheiden:

- Bei der *Mehrfachintegration* werden Migranten als vollwertige Mitglieder in der Mehrheitsgesellschaft anerkannt. Den Zuwanderern gelingt es, die Elemente der unterschiedlichen Kulturen miteinander konstruktiv zu verknüpfen. Eine sprachliche Verständigung ist in der Regel nach allen Seiten möglich.
- Von *sozialer Assimilation* spricht man, wenn die Nähe zur Aufnahmegesellschaft betont und persönliche Bindungen an Herkunftstraditionen oder kulturgemeinschaftliche Gruppen in den Hintergrund

gedrängt werden. Häufig wird in solchen Fällen die Zweitsprache der Muttersprache vorgezogen.
- Bei der *Segmentation* reduzieren sich die Kontakte zur Mehrheitsgesellschaft auf formale Handlungsbezüge. Man arbeitet, bezahlt Steuern oder kauft ein. Für persönlichere Beziehungen sucht man die Nähe herkunftsorientierter Gruppen. Die Muttersprache bleibt dominant.
- Für *marginalisierte Gruppen*, wie sie häufig im Flüchtlingsmilieu anzutreffen sind, reduzieren sich die Kontakte zur Mehrheitsgesellschaft auf ein lebensnotwendiges Minimum. Kompensatorische kulturgemeinschaftliche Bindungen bleiben auf der Beziehungsebene stehen, weil es keine darüber hinaus gehenden Infrastrukturen gibt. Die Herkunftssprache bleibt dominant, während es mit den Mitgliedern der Mehrheitsgesellschaft kaum Verständigungsmöglichkeiten gibt.

Im Unterschied zu den integrierten und assimilierten Migranten, für die es selbstverständlich ist, dazuzugehören, erscheint es für die segmentierten und marginalisierten Gruppen normal, sich in sozialen Nischen einzurichten.

3. Sprache und Identität: Für die Identitätsbildung sind aber nicht nur die sozialen Integrationsverhältnisse bedeutsam, sondern auch der biografische Zeitpunkt des Beginns der interkulturellen Lebenssituation. Da die sozialen Handlungs- und Beteiligungsmöglichkeiten wesentlich von der Beherrschung der Sprache abhängig sind, spielen hier die Kommunikationsfähigkeiten eine besondere Rolle.

> Kernaussage
>
> **Wer sich mit anderen verständigen will, muss deren Perspektive übernehmen können und die eigenen Erwartungen im Licht der gemeinsam geteilten Kulturbezüge interpretieren (Mead 1934).**

Für Kinder, die bereits sehr frühzeitig lernen, sich in einer Zweitsprache zu verständigen, eröffnen sich dadurch ganz andere Möglichkeiten als für Kinder, die sich weder in ihrer Muttersprache noch in der Verkehrssprache der Mehrheitsgesellschaft mitteilen können. Grundsätzlich können Kinder in ihrem ersten Lebensjahrzehnt relativ problemlos zwei Sprachen erlernen (Gogolin/Krüger-Potratz 2006). Der situationsbezogene Wechsel zwischen den Sprachsystemen wird für sie dadurch zur Normalität.

Die Abweichler

> **Definition**
>
> Was in einer Gemeinschaft oder Gruppe als abweichendes Verhalten gilt, lässt sich nur in Relation zu ihren normativen Grundwerten verstehen. Abweichendes Verhalten wird gleichermaßen Einzelpersonen wie sozialen Gruppen attestiert.

Im *Unterschied* zu *abweichendem Verhalten*, stellen Verhaltensweisen, die als *Störungen* eingestuft werden, die soziale Ordnung nicht in Frage, sondern beeinträchtigen lediglich den Ablauf von eingespielten Handlungsroutinen. Das berühmte Husten im Theater oder die angeregte Schülerunterhaltung beim Lehrervortrag sind Beispiele für solche *sozialen Störungen*. Bei *psychischen Störungen* wiederum kommt hinzu, dass das Problemverhalten häufig mit subjektivem Leidensdruck verbunden ist bzw. das Erleben der betroffenen Personen beeinträchtigt (Petermann et al. 2004). Nicht selten werden dadurch, wie bei Angststörungen oder Entwicklungsverzögerungen, die sozialen Teilhabemöglichkeiten eingeschränkt. Bewusst herbeigeführte Normverletzungen, wie es beim abweichenden Verhalten die Regel ist, bleiben hier die Ausnahme.

1. Schulschwänzen: Eine den meisten bekannte, aber in der Öffentlichkeit nur selten thematisierte Form des abweichenden Verhaltens ist der sogenannte „Schulabsentismus". Er tritt besonders gehäuft in Förder- und Hauptschulen in der Altersgruppe der 12- bis 17-jährigen Schüler auf (Ricking 2006). Dabei lassen sich mehrere Formen unterscheiden: das Gelegenheitsschwänzen (Einzelstunden und einzelne Tage), das Regelschwänzen (bis zu 14 Tage), das Intensivschwänzen (2 Wochen bis 2 Monate) und die totale Schulverweigerung. Um abweichendes Verhalten handelt es sich deshalb, weil das Fernbleiben vom Unterricht einen Verstoß gegen die Schulpflicht darstellt. Dementsprechend muss die Schule die *Regelverletzung sanktionieren*. Auf diese Weise können die übrigen Mitglieder der Organisation erkennen, wo die Grenzen des Erlaubten enden.

2. Abweichende Karrieren: Betrachtet man den Fall eines Regelschwänzers, wird deutlich, wie die sozialen Reaktionen auf die Normverletzungen selbst zur Entwicklung von „abweichenden Karrieren" beitragen. Wenn ein 14-jähriger Schüler einfach drei Tage lang dem Unterricht fernbleibt und am vierten Tag wiederkommt, wird er wahrscheinlich nur daran erinnert, eine Entschuldigung vorzulegen. Wenn sich die Fehltage häufen, reden die Lehrer ihren Schülern ins Gewissen. Ändert sich nichts, werden Sanktionen angedroht. Wenn auch das nicht hilft, bespricht man den Fall mit der Schulleitung. Diese informiert die Eltern und in schwierigeren Fällen die Jugendhilfe. Durch das Hinzuziehen eines Sozialarbeiters wird das auffällige Verhalten als Problemverhalten öffentlich markiert. Die Folgen sind offen, je nachdem, ob die Maßnahme als pädagogische Hilfeleistung oder als Strafaktion verstanden wird. Im zweiten Fall wird das Gesamtverhalten des Schülers fortan vor allem unter der Perspektive des „abweichenden" Merkmals interpretiert. Dieser *Generalisierung* folgt dann sehr häufig, aber keinesfalls zwangsläufig, die *Stigmatisierung* (Goffman 1975). Der betroffene Schüler erfährt, wie ihn die anderen in eine bestimmte Ecke stellen und geradezu darauf warten, dass er ebenso in anderen Zusammenhängen auffällig wird. Auch hier gibt es keinen Automatismus und keine notwendige Einmündung in eine delinquente Karriere.

3. Risikoverhalten: Für die weitere Entwicklung ist es nun entscheidend, wie die betreffende Person sich zu den Fremdzuschreibungen verhält. Ist sie in sich gefestigt und widerstandsfähig, also resilient, wird sie deutlich machen, dass die Fremdzuschreibungen nicht mit dem eigenen Selbstbild übereinstimmen und sich dagegen wehren. Gelingt ihr dieses nicht, wird die Situation insgesamt identitätsbedrohend. In der Literatur werden zwei verschiedene Globalstrategien der riskanten Problemverarbeitung beschrieben (Fend 2003).

> **Definition**
>
> **Zu den internalisierenden Bewältigungsstrategien zählen alle Formen des Rückzugs, der Angstentwicklung oder Selbstschädigung. Während diese Strategien die Persönlichkeitsentwicklung belasten oder beeinträchtigen, sind externalisierende Verhaltensformen gegen Objekte oder andere Menschen und Gruppen gerichtet. Hierzu gehören alle Arten der nach außen abgeleiteten Aggression und Gewalt, antisoziales Verhalten und Extremismus.**

Keine Meinungen, sondern Erklärungen, bitte!

Abweichende Verhaltensformen können sich auch als identitätsstiftende Praktiken in *Gruppen* entwickeln. So gehört die gezielte Regelverletzung beispielsweise zum normalen Verhaltensrepertoire von Hooligans. Wer dazu gehören will, muss sich zu einem Fußballclub bekennen und darf sich bei Spielen der eigenen Mannschaft vor Randale nicht drücken. Etwas anders liegen die Dinge bei gewaltbereiten Schülergruppen. Hier gibt es kein gemeinsames Kultobjekt, sondern in der Regel nur eine vergleichbare problembelastete Lebenssituation.

1. Randale um jeden Preis?: An dem vieldiskutierten Fall der Berliner Rütli-Schule, die im Frühjahr 2006 zum Symbol für Schülergewalt und pädagogische Hilflosigkeit wurde, lässt sich zeigen, wie pessimistische Zukunftserwartungen, Frustration und Hilflosigkeit auf Seiten der Jugendlichen, gerade in der Phase ihrer Identitätsfindung, in Aggression und Respektlosigkeit umschlagen. Die Leidtragenden sind dabei nicht nur die Lehrer, an denen die Schüler stellvertretend ihre Aggressionen gegen eine Institution abreagieren, die sie für ihre gesellschaftliche Perspektivlosigkeit mitverantwortlich machen, sondern vor allem die Jugendlichen selbst, die sich mit ihren rüden Umgangsformen, ihrer Gewaltbereitschaft und Unterrichtsverweigerung noch weiter ins Abseits stellen. Für die in der Schule zutage tretenden Probleme werden in der öffentlichen Debatte zumeist nur *Schuldige* gesucht. In Frage kommen fast immer: Eltern, die ihre Kinder vernachlässigen, Lehrer, die ihren Schülern keine Vorbilder mehr sind, oder schwierige soziale Lebensverhältnisse.

2. Perspektivlosigkeit und Anerkennungsmangel: Wenn Sie dieses Buch nun bis hierher gelesen haben, werden Sie wissen, dass die Zusammenhänge differenzierter zu beurteilen sind. Hier spielen die lebensbiografischen Erfahrungen und Perspektiven der Schüler und Lehrer eine wichtige Rolle, ebenso die Unterschiede der sozialen Lage und Herkunft, aber auch die kollegialen Strukturen und der Schulstandort, das Schulsystem und die gesellschaftlichen Rahmenbedingungen. Vor Generalisierungen muss man sich allerdings auch hier hüten. So befinden sich beispielsweise längst nicht alle Hauptschulen in einer vergleichbar ungünstigen Lage wie die Neuköllner Rütli-Schule. Nicht überall sind die sozioökonomischen Lebensumstände der Schülerfamilien – sei es durch Arbeitslosigkeit, Scheidungskrisen oder ambivalente Migrationserfahrungen – so angespannt.

Eine wissenschaftliche Erklärung könnte in Anlehnung an *Robert K. Merton* (1995) folgendermaßen aussehen: Hauptschüler, die in einem Stadtteil leben, in dem ersichtlich überdurchschnittlich viele Menschen von staatlichen Transferleistungen abhängig sind, wissen sehr genau, was es bedeutet, im Bildungssystem zur Risikogruppe zu gehören. Von den Verlockungen des Konsums umgeben und fast rund um die Uhr mit dem Knopf im Ohr medial verkabelt, fühlen sich die meisten benachteiligt. Auf der einen Seite sind ihre Wünsche größer als das Taschengeld, auf der anderen Seite erfahren sie im Alltag immer wieder Gewalt, Ausgrenzung und auch Fremdenfeindlichkeit. Wie soll man aber eine „normale" Identität entwickeln, wenn die sozialen Fundamente brüchig geworden sind? Wie soll man hoffnungsvoll in die Zukunft blicken, wenn die eingeschlagenen Bildungskarrieren nur wenig Grund zu der Überzeugung geben, dass sich die eigenen, häufig nur diffus schimmernden Lebensvorstellungen realisieren lassen? So erleben diese Jugendlichen die Diskrepanz zwischen der gesellschaftlichen Erfolgs- und Konsumideologie – die sie durchaus verinnerlicht haben – und ihren individuellen Möglichkeiten, Kompetenzen und Chancen als eine Dauerkrise ohne Ausweg.

3. Die pädagogische Herausforderung: In der Schule kommt hinzu, dass die meisten die Erfahrung machen, dass sie nichts gewinnen können und den hoch belasteten Pädagogen die Zeit fehlt, ihnen zuzuhören. Weder im Unterricht noch außerhalb gibt es Gelegenheiten, sich mit den Lehrern über die eigene lebensbiografische Situation zu verständigen. Das, was einen bedrängt und belastet, bleibt ungehört. Also verschafft man sich Luft und Gehör mit demonstrativen Gesten, die in Gewalt übergehen können, wenn die anderen die Zeichen nicht verstehen. Zunächst laufen nur einzelne Schüler aus dem Ruder, schließlich finden sie Nachahmer, weil innerhalb der Klasse und Schule eine neue, jenseits der schul- und leistungsbezogenen Hierarchien angesiedelte Statusordnung entsteht. Die empfundenen Frustrationen werden abgeleitet in Aggression und Gewalt – und genau damit verschafft man sich jetzt selbst wechselseitig das, was einem Schule und Gesellschaft vermeintlich vorenthalten, nämlich Gelegenheiten zur Erfahrung von Kompetenz, Anerkennung und Autonomie.

Die Eskalation erfolgt auch hier nicht zwangsläufig. Es gibt keinen Automatismus und, wie das Beispiel der Berliner Rütli-Schule heute zeigt, selbst nach dem Zusammenbruch der Ordnung durchaus auch einen Neuanfang.

> **Kernaussage**
>
> Pädagogik ergibt nur Sinn, wenn man die Kompetenz- und Identitätsentwicklung der Heranwachsenden fördert und sie dabei unterstützt, ihren eigenen Sozialisationsprozess reflexiv zu gestalten – und dazu benötigen Pädagogen methodisches Geschick, Perspektivenübernahmefähigkeiten, Empathie und sozialisationstheoretisches Wissen.

Literatur

Becker, R., Kortendiek, B. (Hrsg.) (2004): Handbuch Frauen- und Geschlechterforschung.

Wer sich für die Themen der Frauen- und Geschlechterforschung interessiert, findet in dem Sammelband zahlreiche Artikel zur gesellschaftlichen Situation von Frauen. Die Beiträge stammen in der überwiegenden Mehrzahl von Wissenschaftlerinnen, die in den letzten drei Jahrzehnten erheblich zur Profilierung der Gender-Forschung beigetragen haben. In den Themen spiegelt sich die Vielfalt des Diskurses wider. Es geht um die Erwerbstellung von Frauen, um ihre politischen Rechte, um Fragen der Gleichstellung, um Migration und Bildung sowie um Emanzipation und Körperlichkeit.

Internet

http://www.demokratisch-handeln.de

Die Aufgabe von Pädagogen besteht darin, lernkulturelle Gelegenheiten herzustellen, die das individuelle Kompetenzerleben unterstützen, Anerkennung ermöglichen, Bindungen schaffen und die Entwicklung von Subjektautonomie fördern. Wie dieses in der Praxis aussehen kann, zeigt die Website des bundesweiten Wettbewerbs „Demokratisch Handeln".

Anhang

Glossar

Anerkennung: Im zwischenmenschlichen Handeln ist Anerkennung eine Form der sozialen Rückmeldung. Sie bestätigt und bekräftigt das Selbst im Kontext unterschiedlicher gesellschaftlicher Bezugsgruppen.

Diskurs: Als Diskurs bezeichnet man jene Gesprächs- und Diskussionsformen, die ausdrücklich darauf angelegt sind, bei theoretischen oder praktischen Fragen dem besseren Argument den Vorrang einzuräumen.

Entwicklung: Unter Entwicklung versteht man im sozialisationstheoretischen Kontext die Neubildung und Veränderung von Handlungsfähigkeiten und Persönlichkeitsstrukturen auf der Grundlage der bio-psychisch regulierten Interaktion von Wachstums-, Reifungs- und Lernprozessen.

Entwicklungsstufen: Viele Entwicklungstheorien basieren auf der Annahme, dass Entwicklungsprozesse einem bestimmten, genetisch angelegten Verlaufsmuster folgen und die Veränderungsschritte in qualitativ unterscheidbaren Stufen erfolgen.

Gender: Der Begriff „gender" stammt aus der englischsprachigen Frauenforschung und wurde unübersetzt in die deutschsprachige Diskussion übernommen. In der Regel wird er, in Abgrenzung zum biologischen Geschlecht („sex"), zur Kennzeichnung der sozialen und kulturellen Geschlechterdefinitionen verwendet.

Genom: Das Genom umfasst die Gesamtheit aller Gene eines Menschen. Genetische Informationen wirken sich nur in Ausnahmefällen direkt auf körperliche Merkmale und Verhaltensweisen aus. In der Regel sind die Genaktivitäten tätigkeits- und damit auch umweltabhängig.

Gesellschaft: Eine Gesellschaft ist ein relativ eigenständiges Sozialsystem, dass intern auf vielfältige Weise kulturell, sozial, politisch und ökonomisch ausdifferenziert ist.

Handeln: Handeln ist eine zielgerichtete, auf Gegenstände bezogene Aktivität, die in ihrem Verlauf unter der Kontrolle von zweckbezogenen Motiven und Folgeerwartungen steht.

Identität: Als psychische Struktur sichert Identität die biografische Kontinuität und soziale Kohärenz der Selbstwahrnehmung und des Handelns einer Person.

Individualisierung: Der Begriff der Individualisierung bezeichnet den gesellschaftlichen Prozess der Freisetzung des Menschen aus sozialständischen Bindungen.

Individuum: Ein Individuum ist nicht nur eine einzelne Person, sondern auch ein generalisierter sozialer Status, mit dem sich die Norm und der Zwang verbinden, eine eigene Individualität entwickeln zu müssen.

Interaktion: Der Begriff der Interaktion wird in unterschiedlichen Kontexten verwendet. So beschreibt er nicht nur die wechselseitigen Bezugnahmen zwischen Menschen, sondern auch die Wechselwirkung zwischen unterschiedlichen Bedingungsfaktoren oder statistischen Variablen.

Internalisierung: Internalisierung ist ein Kernkonzept der klassischen Sozialisationstheorie. Es steht für die Verinnerlichung kultureller Weltbilder und sozialer Normen.

Kommunikation: Kommunikation bezeichnet die Grundform des symbolischen Austauschs zwischen Menschen. Die sprachliche Kommunikation beinhaltet neben den Beziehungsaspekten die Ebenen der Darstellung, Mitteilung und des Ausdrucks von Sachverhalten, Ansprüchen oder Erlebnissen.

Kompetenz: Der Kompetenzbegriff ist mehrdeutig. Einerseits bezeichnet er die anlagebedingten Möglichkeiten, bestimmte Fertigkeiten zu entwickeln, andererseits beinhaltet er die Fähigkeit, situative Anforderungen erfolgreich zu bewältigen.

Lebenswelt: Mit dem Konzept der Lebenswelt werden die unhinterfragt geltenden kulturellen und sozialen Ordnungen bezeichnet, die sich im Sozialisationsprozess und im Handeln von Personen erneuern.

Lernen: Lernen ist ein im Handeln stets mitlaufender Prozess der erfahrungsbedingten Veränderung von Verhaltenswahrscheinlichkeiten auf der Grundlage des Erwerbs neuer Verhaltensmuster oder von Fertigkeiten und Wissen.

Perspektivenübernahme: Unter Perspektivenübernahme versteht man die Fähigkeit, sich die Sichtweise der anderen vorzustellen.

Praxis: In der Praxis des Handelns reproduzieren und erneuern die Akteure mit ihren Tätigkeiten die systemischen und lebensweltlichen Ordnungen der Gesellschaft.

Reziprozität: Soziale Handlungen sind auf Wechselseitigkeit oder Reziprozität angelegt. Die Akteure unterstellen sich gegenseitig bestimmte, mit ihrer Beziehung im Zusammenhang stehende Verpflichtungen und erwarten deren Einhaltung.

Rolle: Der Begriff der Rolle steht für ein Set von Verhaltenserwartungen, das an eine bestimmte soziale Position gebunden ist.

Soziales Handeln: Soziales Handeln wird häufig mit Formen der Mildtätigkeit und Fürsorge in Verbindung gebracht. Dabei bezeichnet es lediglich die Tatsache, dass sich Handelnde auf das Verhalten anderer Akteure beziehen und dieses in irgendeiner Weise berücksichtigen.

Subjektautonomie: In der Sozialisationsdiskussion dient der Begriff der Subjektautonomie als normatives Korrektiv. Autonom ist ein Mensch dann, wenn er in der Lage ist, selbstbestimmt unter Berücksichtigung verallgemeinerungsfähiger humaner Prinzipen sein Handeln zu gestalten.

Vergesellschaftung: Der Begriff unterstreicht einerseits, dass soziale Beziehungen und Systeme immer nur in konkreten sozialen Interaktionen hergestellt und erneuert werden. Andererseits bezeichnet er, in der kontrastierenden Verbindung mit dem Begriff der Individuierung, die Sozialwerdung der Persönlichkeit im Sozialisationsprozess.

Verhalten: Verhalten ist das Ingesamt der beobachtbaren körperlichen und psychischen Aktivitäten.

Literatur

Ainsworth, M. D. S. (1979): Attachment as related to Mother-Infant Interaction. In: Rosenblatt, J. S., Hinde, R. A., Beer, C., Busnel, M.-C. (Hrsg.): Advances in the Study of Behavior (Vol. 9). New York/San Francisco/London: Academic Press, 1–51

Auernheimer, G. (2003): Einführung in die interkulturelle Pädagogik. 3. Aufl. Darmstadt: Wissenschaftliche Buchgesellschaft

Bauer, U. (2002): Selbst- und/oder Fremdsozialisation. Zur Theoriedebatte in der Sozialisationsforschung. Eine Entgegnung auf Jürgen Zinnecker. In: Zeitschrift für Soziologie der Erziehung und Sozialisation (22), 118–142

Baumert, J., Klieme, E., Neubrand, M., Prenzel, M., Schiefele, U., Schneider, W., Stanat, P., Tillmann, K.-J., Weiß, M. (Hrsg.) (2001): Pisa 2000. Basiskompetenzen von Schülerinnen und Schülern im internationalen Vergleich. Opladen: Leske + Budrich

–, Stanat, P., Watermann, R. (2006): Herkunftsbedingte Disparitäten im Bildungswesen. Wiesbaden: VS Verlag für Sozialwissenschaften

Baumrind, D. (1991): The influence of parenting style on adolescent competence and substance use. In: Journal of Early Adolescence (11), 56–95

Beck, U. (1986): Risikogesellschaft. Auf dem Weg in eine andere Moderne. Frankfurt/M.: Suhrkamp

–, Beck-Gernsheim, E. (Hrsg.) (1994): Riskante Freiheiten. Frankfurt/M.: Suhrkamp

Becker, R., Lauterbach, W. (2002): Familie und Armut in Deutschland. In: Nave-Herz, R. (Hrsg.) (2002): Kontinuität und Wandel der Familie in Deutschland. Eine zeitgeschichtliche Analyse. Stuttgart: Lucius & Lucius, 159–182

–, Lauterbach, W. (Hrsg.) (2007): Bildung als Privileg. Erklärungen und Befunde zu den Ursachen der Bildungsungleichheit. 2. Aufl. Wiesbaden: VS Verlag für Sozialwissenschaften

Becker, R., Kortendiek, B. (Hrsg.) (2004): Handbuch Frauen- und Geschlechterforschung. Reihe Geschlecht und Gesellschaft Band 35, Wiesbaden: VS Verlag für Sozialwissenschaften

Becker-Schmidt, R., Knapp, G.-A. (2003): Feministische Theorien – Zur Einführung. 4. Aufl. Hamburg: Junius

Beck-Gernsheim, E. (2006): Die Kinderfrage heute. Über Frauenleben, Kinderwunsch und Geburtenrückgang. München: Beck

Berger, P. L., Luckmann, Th. (1969): Die gesellschaftliche Konstruktion der Wirklichkeit. Frankfurt/M.: Fischer

Bernstein, B. (1959): Soziokulturelle Determinanten des Lernens. Mit besonderer Berücksichtigung der Rolle der Sprache. In: Heintz, P. (Hrsg.): Soziologie der Schule. Köln/Opladen: Westdeutscher Verlag, 52–79

Beutel, S. I., Gröschner, A., Lütgert, W. (Hrsg.) (2006): Lehrerbildung im Wandel. Eine Expertenbefragung zu den Perspektiven einer inhaltlichen und strukturellen Reform. Jena: IKS Garamond

Beutel, W., Fauser, P. (Hrsg.) (2007): Demokratiepädagogik. Lernen für die Zivilgesellschaft. Schwalbach/Ts: Wochenschau
Bilden, H., Dausien, B. (Hrsg.) (2006): Sozialisation und Geschlecht. Theoretische und methodologische Aspekte. Opladen / Farmington Hills: Barbara Budrich
Blum, W., Neubrand, M., Ehmke, T., Senkbeil, M., Jordan, A., Ulfig, F., Carstensen, C.H. (2004): Mathematische Kompetenz. In: Prenzel, M. et al. (Hrsg.), 47–92
BmFSJF – Bundesministerium für Familie, Senioren, Jugend und Frauen (2005): Bericht über die Lebenssituation junger Menschen und die Leistungen der Kinder und Jugendhilfe in Deutschland. Zwölfter Kinder und Jugendbericht. Berlin: Bundestag
Böhnisch, L. (2005): Sozialpädagogik der Lebensalter. Eine Einführung. Weinheim: Juventa
Bos, W., Lankes, E.-M., Prenzel, M., Schwippert, K., Walther, G., Valtin, R. (Hrsg.) (2003): Erste Ergebnisse aus IGLU. Schülerleistungen am Ende der vierten Jahrgangsstufe im internationalen Vergleich. Münster / New York / München / Berlin: Waxmann
Bourdieu, P. (1976): Entwurf einer Theorie der Praxis. Frankfurt/M.: Suhrkamp
– **(1982):** Die feinen Unterschiede. Kritik der gesellschaftlichen Urteilskraft. Frankfurt/M.: Suhrkamp
Bowlby, J. (1975): Bindung. Eine Analyse der Mutter-Kind-Beziehung (1969). München: Kindler
Bronfenbrenner, U. (1976): Ökologische Sozialisationsforschung. Stuttgart: Klett
Chassé, K.A., Zander, M., Rasch, K. (2003): Meine Familie ist arm. Wie Kinder im Grundschulalter Armut erleben und bewältigen. Opladen: Leske + Budrich
Clausen, J. A. (1968): Socialization and society. Boston: Little, Brown & Co
Cooley, C. H. (1902): Human nature and the social order. New York: Scribner's
Damon, W. (1984): Die soziale Welt des Kindes. Frankfurt/M.: Suhrkamp
–, **Lerner, R. M., Eisenberg, N. (Hrsg.) (2006):** Handbook of child psychology. Volume 3: Social, Emotional and Personality Development (6. Aufl.). Hoboken, N.J.: John Wiley & Sons
Deci, E. L., Ryan, R. M. (2000): Self-Determination Theory and the Facilitation of Intrinsic Motivation, Social Development, and Well-Being. In: American Psychologist (55). Washington, 68–78
Demetriou, A.(2006): Neo-Piagetsche Theorie der kognitiven Entwicklung. In: Schneider, W., Wilkening, F. (Hrsg.): Enzyklopädie der Psychologie. Serie 5. Entwicklungspsychologie (Band 1): Theorien, Modelle und Methoden der Entwicklungspsychologie. Göttingen: Hogrefe, 191–263
Durkheim, E. (1977): Über die Teilung der sozialen Arbeit (1893). Frankfurt/M.: Suhrkamp
– **(1973):** Der Selbstmord (1897). Neuwied / Berlin: Luchterhand
– **(1984):** Erziehung, Moral und Gesellschaft (1902/1903). Frankfurt/M.: Suhrkamp
Ecarius, J. (Hrsg.) (2007): Handbuch Familie. Ein erziehungswissenschaftliches Handbuch. Wiesbaden: VS Verlag für Sozialwissenschaften

Edelstein, W., Fauser, P. (2001): Demokratie lernen und leben. Gutachten für ein Modellversuchsprogramm der BLK. Bonn: BLK
Ehmke, T., Hohensee, F., Heidemeier, H., Prenzel, M. (2004): Familiäre Lebensverhältnisse, Bildungsbeteiligung und Kompetenzerwerb. In: Prenzel, M. et al. (Hrsg.), 225–254
Elder, G. H. (2000): Das Lebensverlaufs-Paradigma: Sozialer Wandel und individuelle Entwicklung. In: Grundmann, M., Lüscher, K. (Hrsg.): Sozialökologische Sozialisationsforschung. Ein anwendungsorientiertes Lehr- und Studienbuch. Konstanz: UVK Verlagsgesellschaft, 167–199
Erikson, E. H. (1997): Identität und Lebenszyklus (1959) 16. Aufl. Frankfurt/M.: Suhrkamp
Erpenbeck, J., Heyse, V. (2000): Die Kompetenzbiographie. Wege der Kompetenzentwicklung. Münster: Waxmann
Esser, H. (2001): Integration und ethnische Schichtung. Arbeitspapiere. Mannheimer Zentrum für Europäische Sozialforschung (40)
Faulstich-Wieland, H. (2000): Individuum und Gesellschaft. Sozialisationstheorien und Sozialisationsforschung. München: Oldenburg
Fauser, P., Prenzel, M., Schratz, M. (Hrsg.) (2007): Was für Schulen! Gute Schule in Deutschland. Der Deutsche Schulpreis 2006. Kallmeyer / Klett: Seelze
Fend, H. (2003): Entwicklungspsychologie des Jugendalters. Ein Lehrbuch für pädagogische und psychologische Berufe. Wiesbaden: VS Verlag für Sozialwissenschaften
– **(2006):** Neue Theorie der Schule. Einführung in das Verstehen von Bildungssystemen. Wiesbaden: VS Verlag für Sozialwissenschaften
Freud, S. (1923): Das Ich und das Es. In: Freud, S. (1940): Ges. W. Bd. XIII, London: Imago, 234–289
Geißler, R. (2006): Die Sozialstruktur Deutschlands. Zur gesellschaftlichen Entwicklung mit einer Bilanz zur Vereinigung. 4. Aufl. Wiesbaden: VS Verlag für Sozialwissenschaften
Geulen, D. (1980): Die historische Entwicklung sozialisationstheoretischer Paradigmen. In: Hurrelmann, K., Ulich, D. (Hrsg.), 15–49
– **(1991):** Die historische Entwicklung sozialisationstheoretischer Ansätze. In: Hurrelmann, K., Ulich, D. (Hrsg.), 21–54
– **(2005):** Subjektorientierte Sozialisationstheorie. Sozialisation als Epigenese des Subjekts in Interaktion mit der gesellschaftlichen Umwelt. Weinheim: Juventa
–**, Hurrelmann, K. (1980):** Zur Programmatik einer umfassenden Sozialisationstheorie. In: Hurrelmann, K., Ulich, D. (Hrsg.), 51–68
–**, Veith, H. (Hrsg.) (2004):** Sozialisationstheorie interdisziplinär. Stuttgart: Lucius & Lucius
Gilligan, C. (1991): Die andere Stimme. Lebenskonflikte und Moral der Frau (1982). 3. Aufl. München: Piper
Gloger-Tippelt, G. (2003): Die Bedeutung der Bindung für die Persönlichkeitsentwicklung. In: Knopf, M., Schneider, W. (Hrsg.): Entwicklung, Lehren und Lernen. Göttingen: Hogrefe, 53–74

Goffman, E. (1975): Stigma. Über Techniken der Bewältigung beschädigter Identität (1963). Frankfurt/M.: Suhrkamp

Gogolin, I., Krüger-Potratz, M. (2006): Einführung in die Interkulturelle Pädagogik. Opladen/Farmington Hills: Barbara Budrich

Greve, W. (Hrsg.) (2000): Psychologie des Selbst. Weinheim/Basel/Berlin: Beltz; PVU

Grimm, H., Weinert, S. (2002): Sprachentwicklung. In: Oerter, R., Montada, L. (Hrsg.), 517–539

Grundmann, M. (2006): Sozialisation. Skizze einer allgemeinen Theorie. Konstanz: UVK Verlagsgesellschaft

Grusec, J. E., Hastings, P. D. (Eds.) (2007): Handbook of Socialization. Theory and Research. New York: Guilford

Habermas, J. (1976): Moralentwicklung und Ich-Identität. In: Habermas, J.: Zur Rekonstruktion des Historischen Materialismus. 2. Aufl. Frankfurt/M.: Suhrkamp, 63–91

– **(1981):** Theorie des kommunikativen Handelns. Frankfurt/M.: Suhrkamp

Hitzler, R., Honer, A. (1994): Bastelexistenz. Über subjektive Konsequenzen der Individualisierung. In: Beck, U., Beck-Gernsheim, E. (Hrsg.), 307–315

Hofer, M., Wild, E., Noack, P. (Hrsg.) (2002): Lehrbuch Familienbeziehungen. Eltern und Kinder in der Entwicklung. 2. Aufl. Göttingen: Hogrefe

Hoffmann, D., Mikos L. (Hrsg.) (2007): Mediensozialisationstheorien. Neue Modelle und Ansätze in der Diskussion. Wiesbaden: VS Verlag für Sozialwissenschaften

Honig, M.-S. (1999): Entwurf einer Theorie der Kindheit. Frankfurt/M.: Suhrkamp

Hopf, C. (2005): Frühe Bindungen und Sozialisation. Eine Einführung. Weinheim: Juventa

Hradil, S. (2004): Die Sozialstruktur Deutschlands im internationalen Vergleich. Wiesbaden: VS Verlag für Sozialwissenschaften

Hurrelmann, K. (2006): Einführung in die Sozialisationstheorie. 9. Aufl. Weinheim/Basel: Beltz

–, **Grundmann, M., Walper, S. (Hrsg.) (2008):** Handbuch Sozialisationsforschung. 7. Aufl. Weinheim/Basel: Beltz

–, **Ulich, D. (Hrsg.) (1980):** Handbuch der Sozialisationsforschung. Weinheim/Basel: Beltz

–, – **(Hrsg.) (1991):** Neues Handbuch der Sozialisationsforschung. Weinheim/Basel: Beltz

Jackson, P. W. (1968): Einübung in eine bürokratische Gesellschaft: Zur Funktion der sozialen Verkehrsformen im Klassenzimmer. In: Zinnecker, J. (Hrsg.) (1975), 19–34

Joas, H. (Hrsg.) (2007): Lehrbuch der Soziologie. 3. Aufl. Frankfurt/M./New York: Campus

Jörissen, B. (2007): Beobachtungen der Realität. Die Frage nach der Wirklichkeit im Zeitalter der Neuen Medien. Bielefeld: Transcript

Keupp, H., Höfer, R. (Hrsg.) (1997): Identitätsarbeit heute. Frankfurt/M.: Suhrkamp

Kohlberg, L. (1996): Die Psychologie der Moralentwicklung. Frankfurt/M: Suhrkamp

Krappmann, L. (2004): Sozialisation in Interaktionen und Beziehungen unter Gleichaltrigen in der Schulklasse. In: Geulen, D., Veith, H. (Hrsg.), 253–272

– **(2005):** Soziologische Dimensionen der Identität. Strukturelle Bedingungen für die Teilnahme an Interaktionsprozessen. 10. Aufl. Stuttgart: Klett-Cotta

–, **Oswald, H. (1995).** Alltag der Schulkinder. Beobachtungen und Analysen von Interaktionen und Sozialbeziehungen. Weinheim: Juventa

Langness, A., Leven, I., Hurrelmann, K. (2006): Jugendliche Lebenswelten: Familie, Schule, Freizeit. In: Hurrelmann, K., Albert, M., TNS Infratest Sozialforschung: Jugend 2006 – 15. Shell Jugendstudie. Eine pragmatische Generation unter Druck. Frankfurt/M.: Fischer, 49–102

Luhmann, N. (1987): Soziale Systeme. Frankfurt/M.: Suhrkamp

Mansel, J., Hurrelmann, K. (2003): Jugendforschung und Sozialisationstheorie. Über Möglichkeiten und Grenzen der Lebensgestaltung im Jugendalter. In: Mansel, J., Griese, H. M., Scherr, A. (Hrsg.): Theoriedefizite der Jugendforschung. Standortbestimmung und Perspektiven. Weinheim/München: Juventa, 75–90

Marx, K., Engels, F. (1983): Die deutsche Ideologie (1845/46). In: Marx, K., Engels, F.: Werke (Bd. 3). Berlin: Dietz

Mead, G. H. (1968): Geist, Identität und Gesellschaft (1934). Frankfurt/M: Suhrkamp

Merton, R. K. (1995): Soziologische Theorie und soziale Struktur. Berlin: de Gruyter

Münch, R. (2002, 2003, 2004): Soziologische Theorie. Band 1–3. Frankfurt/M./New York: Campus

Nunner-Winkler, G. (Hrsg.) (1995): Eine weibliche Moral? Die Kontroverse um eine geschlechtsspezifische Ethik. München: Deutscher Taschenbuch Verlag

Nussbeck, S. (2006): Einführung in die Beratungspsychologie. München/Basel: Ernst Reinhardt

Oerter, R., Montada, L. (Hrsg.) (2002): Entwicklungspsychologie. 5. Aufl. Weinheim/Basel/Berlin: Beltz; PVU

Oevermann, U. (1996): Theoretische Skizze einer revidierten Theorie professionalisierten Handelns. In: Combe, A., Helsper, W. (Hrsg.): Pädagogische Professionalität. Untersuchungen zum Typus pädagogischen Handelns. Frankfurt am Main: Suhrkamp, 70–182

Oser, F., Althof, W. (1992): Moralische Selbstbestimmung. Stuttgart: Klett-Cotta

Papousek, M., Papousek, H. (2003): Stimmliche Kommunikation im Säuglingsalter als Wegbereiter der Sprachentwicklung. In: Keller, H. (Hrsg.) (2003). Handbuch der Kleinkindforschung. 3. Aufl. Bern: Huber, 927–963

Parsons, T. (1972): Das System moderner Gesellschaften. München: Juventa

– **(1977):** Sozialstruktur und Persönlichkeit. Frankfurt/M.: Fachbuchhandlung für Psychologie/Verlagsabteilung

–, **Bales, R. F. (1955):** Family, socialization, and interaction process. Glencoe: Free press

Petermann, F., Niebank, K., Scheithauer, H. (2004): Entwicklungswissenschaft – Entwicklungspsychologie, Genetik, Neuropsychologie. Heidelberg: Springer
Petillon, H. (2006): Soziale Beziehungen. In: Rost, D. H. (Hrsg.) (2006): Handwörterbuch Pädagogische Psychologie. Weinheim / Basel / Berlin: Beltz; PVU, 717–724
Peuckert, R. (2005): Familienformen im sozialen Wandel. Wiesbaden: VS Verlag für Sozialwissenschaften
– (2007): Zur aktuellen Lage der Familie. In: Ecarius, J. (Hrsg.), 36–56
Piaget, J. (1986): Das moralische Urteil beim Kinde (1932). 2. Aufl. München: Deutscher Taschenbuch Verlag.
– (1983): Meine Theorie der geistigen Entwicklung (1970). Frankfurt/M.: Fischer
Postman, N. (1985): Wir amüsieren uns zu Tode. Frankfurt/M.: Fischer
Prenzel, M., Baumert, J., Blum, W., Lehmann, R., Leutner, D., Neubrand, M., Pekrun, R., Rolff, H.-G., Rost, J., Schiefele, U. (Hrsg.) (2004): PISA 2003. Der Bildungsstand der Jugendlichen in Deutschland – Ergebnisse des zweiten internationalen Vergleichs. Münster / New York / München / Berlin: Waxmann
Richter, H. E. (1963): Eltern, Kind und Neurose. Reinbek: Rowohlt
– (1970): Patient Familie. Reinbek: Rowohlt
Ricking, H. (2006): Wenn Schüler dem Unterricht fernbleiben. Schulabsentismus als pädagogische Herausforderung. Bad Heilbrunn: Klinkhardt
Rolff, H.-G. (1967): Sozialisation und Auslese durch die Schule. Heidelberg: Quelle & Meyer
Schäfers, B. (2006): Die soziale Gruppe. In: Korte, H., Schäfers (Hrsg.): Einführung in Hauptbegriffe der Soziologie. Wiesbaden: VS Verlag für Sozialwissenschaften, 127–142
Schaffner, E., Schiefele, U., Drechsel, B, Artelt, C. (2004): Lesekompetenz. In: Prenzel, M. et al., 93–110
Schimank, U. (2007): Gruppen und Organisationen. In: Joas, H. (Hrsg.), 217–239
Schmidt-Denter, U. (2005): Soziale Beziehungen im Lebenslauf. Lehrbuch der sozialen Entwicklung. 5. Aufl. Weinheim / Basel: Beltz
Schneewind, K. A. (2002): Familienentwicklung. In: Oerter, R., Montada, L. (Hrsg.), 105–127
– (2004): Sechs Thesen zur Sozialisationstheorie aus der Sicht der Persönlichkeitspsychologie. In: Geulen, D., Veith, H. (Hrsg.), 117–130
Schütz, A., Luckmann, T. (2003): Strukturen der Lebenswelt. Konstanz: UKV Verlagsgesellschaft
Schulz von Thun, F. (1995): Miteinander reden: Störungen und Klärungen. Reinbek: Rowohlt
Schulze, G. (1992): Die Erlebnisgesellschaft. Kultursoziologie der Gegenwart. Frankfurt/M. / New York: Campus
Selman, R. L. (1984): Die Entwicklung des sozialen Verstehens. Frankfurt/M.: Suhrkamp
Simmel, G. (1958): Soziologie. Untersuchungen über die Formen der Vergesellschaftung (1908). Neuausgabe Berlin: Duncker & Humblot

Spangler, G., Zimmermann, P. (Hrsg.) (1995): Die Bindungstheorie, Grundlagen, Forschung und Anwendung. Stuttgart: Klett-Cotta
Statistisches Bundesamt (2006): Statistisches Jahrbuch für die Bundesrepublik Deutschland 2006. Wiesbaden
Straub, J. (2000): Identität als psychologisches Deutungskonzept. In: Greve, W. (Hrsg.), 279–301
Tausch, R., Tausch, A.-M. (1998): Erziehungspsychologie. Begegnung von Person zu Person. Göttingen: Hogrefe
Tietze, W., Roßbach, H.-G., Grenner, K. (2005): Kinder von 4 bis 8 Jahren. Zur Qualität der Erziehung und Bildung in Kindergarten, Grundschule und Familie. Weinheim: Beltz
Tillmann, K.-J. (2006): Sozialisationstheorien. Eine Einführung in den Zusammenhang von Gesellschaft, Institution und Subjektwerdung. Reinbek: Rowohlt
Tschöpe-Scheffler, S. (2005): Erziehungsstile und kindliche Entwicklung: entwicklungshemmendes versus entwicklungsförderndes Erziehungsverhalten. In: Deegener, G., Körner, W. (Hrsg.): Kindesmisshandlung und Vernachlässigung. Ein Handbuch. Göttingen: Hogrefe, 303–316
Veith, H. (1996): Theorien der Sozialisation. Zur Rekonstruktion des modernen sozialisationstheoretischen Denkens. Frankfurt/M. / New York: Campus
– **(2001):** Das Selbstverständnis des modernen Menschen. Frankfurt/M. / New York: Campus
– **(2002):** Sozialisation als reflexive Vergesellschaftung. In: Zeitschrift für Sozialisationsforschung und Erziehungssoziologie (17), 167–177
– **(2008),** Die historische Entwicklung der Sozialisationstheorie. In: Hurrelmann, K., Grundmann, M., Walper, S. (Hrsg.), 32–55
Vester, M. (2005): Die geteilte Bildungsexpansion. Ständische Kanalisierung der Bildungschancen in der BRD. In: Berliner Debatte Initial (16), Sozial- und Geisteswissenschaftliches Journal, 14–28
Walper, S. (2004): Wandel von Familien als Sozialisationsinstanz. In: Geulen, D., Veith, H. (Hrsg.), 217–252
Weymann, A. (2007): Interaktion, Sozialstruktur und Gesellschaft. In: Joas, H. (Hrsg.), 107–135
Youniss, J. (1994): Soziale Konstruktion und psychische Entwicklung. Frankfurt/M.: Suhrkamp
Zeiher, H. (1994): Kindheitsräume – Zwischen Eigenständigkeit und Abhängigkeit. In: Beck, U., Beck-Gernsheim, E. (Hrsg.), 353–375
Zimmermann, P. (2006): Grundwissen Sozialisation. Einführung zur Sozialisation im Kindes- und Jugendalter. Wiesbaden: VS Verlag für Sozialwissenschaften
Zinnecker, J. (Hrsg.) (1975): Der heimliche Lehrplan. Weinheim: Beltz
– **(2000):** Selbstsozialisation. Essay über ein aktuelles Konzept. In: Zeitschrift für Soziologie der Erziehung und Sozialisation (20), 272–290

Sachregister

Abweichendes Verhalten 49, 82–85
Autonomie 10f, 16, 53, 65–71
Autorität 13, 24, 38f, 65f

Begabung 44f, 48
Bildungschancen 41–46, 84f
Bindung 36–39, 67–69

Demokratie 24, 47
Diskurs 73, 87

Egozentrismus 54, 62
Emotionale Entwicklung 67–69
Entwicklung 14–16, 87
Erziehung 14, 27f, 34, 79
Erziehungsstil 38–39

Familie 26, 29, 31–39, 43–45, 76–79
Freundschaft 53–56

Geschlecht 32–37, 74, 78f
Gesellschaft 11, 23–35, 77f
Gruppe 26f, 33–36, 51–53

Habitus 35f, 45
Handlungsfähigkeit 8–11, 15f, 73f
Handlungspraxis 22f, 36, 53, 60, 80, 88

Identität 14, 52f, 73–75, 81–83, 87
Individualisierung 16, 31–33, 78–79
Individuum 11, 12, 87

Jugend 15, 32, 52f, 76f, 84f

Kognitive Entwicklung 61–63
Kommunikation 8, 44f, 57f, 72f, 79–81, 88

Lebenslauf 15, 31f, 76–78
Lehrerarbeit 18, 41f, 46–49, 84–86
Lernen 9, 14, 36, 46, 61, 64, 72, 81, 88
Medien 28f, 56–59, 78
Migration 79–82
Moralentwicklung 64–67
Motivationale Entwicklung 69–71

Peergruppe 52–56, 66, 78
Perspektivenübernahme 18, 26, 53–56, 86
Professionalität 10, 17–19, 27f, 42, 85f

Schule 48–50, 82–85
Soziale Herkunft 29f, 35f
Sozialer Wandel 12f, 32, 76–79
Soziales Lernen 53–56
Sprachentwicklung 72f

Typisierung 7, 48, 79f, 82f

Über-Ich 14, 64f
Umwelt 14f, 21–23, 60f
Unbewusstes 37f

Verinnerlichung 10, 14, 36, 70f, 88

Wertbindung 13, 29, 37, 65–67, 82

Zwang 14, 26, 33, 46, 66f, 76